新时代新理念职业教育教材

基础服务礼仪与形体训练（双色版）

主编　王　莹　杜旭旭

北京交通大学出版社

· 北京 ·

内 容 简 介

为满足交通运输行业实际运营工作中对乘务、站务、空姐、地面服务人员的基本从业要求，本书以教学大纲为依据，融合中航国铁教育集团多年的教学经验及用人单位的反馈信息，围绕交通运输行业客服岗位的实际需要进行内容组织，突出实用性和可操作性。

全书设上、下两篇，共11章。上篇"服务礼仪"介绍礼仪和服务礼仪的基本知识，以及服务人员的仪容仪表礼仪、仪态礼仪、语言礼仪；下篇"形体训练"介绍形体训练与形体美、姿态训练、柔韧性训练、站姿训练、行姿训练、坐姿与蹲姿训练。

通过本书的教学，可以使学生养成良好的生活习惯，言谈举止更优雅，为将来从事运输服务行业奠定坚实的基础。

图书在版编目 (CIP) 数据

基础服务礼仪与形体训练 / 王莹，杜旭旭主编 . —北京：北京交通大学出版社，2018.8（2021.8 修订）

ISBN 978-7-5121-3662-5

Ⅰ . ① 基… Ⅱ . ① 王… ② 杜… Ⅲ . ① 服务业 – 礼仪 – 高等专业学校 – 教材 ② 形体 – 健身运动 – 高等专业学校 – 教材 Ⅳ . ① F719 ② G831.3

中国版本图书馆 CIP 数据核字（2018）第 174384 号

基础服务礼仪与形体训练
JICHU FUWU LIYI YU XINGTI XUNLIAN

责任编辑：陈跃琴

出版发行：北京交通大学出版社　　　　　电话：010-51686414　　http://www.bjtup.com.cn
地　　址：北京市海淀区高梁桥斜街 44 号　邮编：100044
印 刷 者：北京鑫海金澳胶印有限公司
经　　销：全国新华书店
开　　本：185 mm × 260 mm　印张：10　　字数：250 千字
版 印 次：2021 年 8 月第 1 版第 1 次修订　2021 年 8 月第 3 次印刷
印　　数：7 001~9 500 册　定价：39.50 元

本书如有质量问题，请向北京交通大学出版社质监组反映。对您的意见和批评，我们表示欢迎和感谢。
投诉电话：010-51686043，51686008；传真：010-62225406；E-mail：press@bjtu.edu.cn。

本书编委会

主　　编：王　莹　　杜旭旭

副主编：王轶男　　刘　颂

参　　编：张　枭　　谢　蓉　　李凯旋　　储　潇

　　　　　王蕴杰　　杨奉凯　　兰艳涛　　郭海涛

主　　审：戴晋权

前 言
PREFACE

随着中国经济持续稳定的发展,我国交通运输体系建设愈发完善。其中,城市地铁、轻轨及高速铁路建设都取得了举世瞩目的成就。2017年年初,习近平总书记亲临北京新机场考察,将民航战略地位提到新的高度。党的十九大报告指出,我国社会主要矛盾已经转化为人民日益增长的美好生活需要和不平衡不充分的发展之间的矛盾。随着人民生活水平的日益提高,人民群众对交通运输业服务种类、服务范围、服务能力和服务水平的要求也越来越高。很多交通运输企业因此越来越重视高品质的服务,在招募一线工作人员时,倾向于聘用那些能为客户带来良好体验的人。作为向民航、轨道交通企业输送服务人才的职业教育工作者,我们深感责任重大。培养出符合交通企业用人要求的服务型人才,帮助我们的学生获得从事服务工作的幸福感和价值感,是我们编著此书的初心。

懂礼仪、用礼仪是提升服务品质的法宝。礼仪在服务中最基本的作用,不仅是给客户提供标准化、规范化的服务,还要能够带给客户良好的、温暖的感受。这就使礼仪不再是生硬的标准,而是可以真正渗透到服务细节和客户内心的服务技巧。

本书由多年从事一线交通运输服务工作、服务管理培训工作的"双师"型教师编写。此书的出版,是这些职业教育工作者对自己多年从业、教学工作经验的总结,期望能为我们的学生开启职业生涯的第一扇门。

由于作者水平有限，书中内容不尽完美，倘有纰漏，欢迎各位读者指正。

在编著这本书的过程中，我们得到了有关专家、同行的热情帮助和支持。他们当中有国航资深乘务教员、民航及高铁企业人力资源中心招聘官、出版社专家，在此感谢大家的帮助。

最后，预祝我们的学生能从此书受益。倘若能为我们的学生带来美好的学习感受，助力他们顺利升学或考入心仪的用人单位，则是对我们最大的鼓励。

作者

2021 年 8 月于北京

目 录

CONTENTS

下篇　形体训练

上 篇

服务礼仪

第1章

礼仪概述

礼仪是在社会长期发展过程中形成的，是人们在社会交往活动中应遵守的行为规范与准则，是礼节、礼貌、仪表、仪式等的总称。通过本章的学习，希望达成以下目标。

【知识目标】

1. 了解礼仪的起源与发展。
2. 掌握礼仪的概念。

【能力目标】

1. 能正确说出现代礼仪的作用。
2. 能自觉运用现代礼仪规范自己的日常行为。

1.1 礼仪的起源

在我国古代，"礼仪"所涉及的范围十分广泛，渗透于社会生活的各个方面。从社会到家庭，从宫廷到民间，人们在日常生活中的言谈话语、行为举止、衣食住行、待人接物、人际关系，等等，无一不遵循"礼仪"的规定。古人视"礼仪"为大事，认为通过"礼仪"的约束和规范作用，可以使社会更加有秩序，进而促进社会的稳定，建立和睦的人际关系。因此，古人把"礼仪"奉为一种道德标准和行为规范，并世代相袭，共同遵守。与此同时，统治者也利用"礼仪"来维护自己的特权和地位，所以"礼仪"又包含了尊卑贵贱的等级观念，并在此基础上形成一套制度。在历朝历代统治者的极力推崇和宣扬之下，全社会各个阶层的人们实际是被强制地束缚在礼仪制度之中，无时无处不受它的制约。不过，这也推动了礼仪制度的社会化，使社会生活与之紧密地联系在一起，并成为社会生活中不可缺少的内容，由此逐步形成了中国古代社会尊礼、守礼、重礼、行礼的风气。因此，礼仪也成为中国古代社会的风尚。

随着人类社会的发展，特别是受西方现代文明的影响，"礼仪"逐渐演变为表达对他人的尊重与敬爱之意，成为现代社会人际交往中我们应该遵守的行为规范和准则，"礼仪"一词也逐渐专指礼节、礼貌和行为规范。

一般来说，我们现在常说的礼仪是指现代礼仪，是现代人在社会交往中共同遵守的行为准则和规范。它既可以单指为表示敬意而隆重举行的某种仪式，又可以泛指人们在社会交往中的礼节、礼貌等。在现代社会，各行各业的从业人员都要做一个有礼貌、有教养的人，做一个遵守礼仪规范的人，只有这样才能在社会交往中展示自己的魅力！

1.2 礼仪的含义

礼仪是人们在人际交往中，以一定的约定俗成的程序、方式表现的律己、敬人的过程，涉及穿着、交往、沟通、情商等各个方面的内容。从广义上讲，礼仪是人们在社会交往活动中形成的行为规范与准则，是礼节、礼貌、仪表、仪式等的总称，涉及社会、道德、习俗、宗教等方面，是个人或社会整体文明道德修养程度的一种外在表现形式。

从狭义上讲，礼仪指的是国家、政府机构、人民团体、企业机构在某一种正式活动和一定环境中的行为、语言等规范；是在较大或较隆重的正式场合，为表示对接待对象的尊重所举行的合乎社交规范和道德规范的仪式；是社会交往中在礼遇规格、礼宾次序等方面应遵循的礼貌、礼节要求，一般通过集体的规范仪式和程序来表示。

1.3 现代礼仪的特征及类别

现代礼仪是指现代人们在社会交往中共同遵守的行为准则和规范。它既可以单指为表示敬意而隆重举行的某种仪式，又可以泛指人们在社会交往中的礼节、礼貌等。随着社会的发展，礼仪已经由维护封建统治的古代礼仪，逐步演变为规范人们的行为、举止，强调人的尊严，强调人与人之间建设性的互助合作，强调公共领域与私人领域的边界，强调职业伦理对职业行为规范的现代礼仪。

1.3.1 现代礼仪的特征

1. 国际性

随着近代工业的迅速兴起，商品经济的发展，人际交往日趋频繁，人们更需要用"礼节"来调节和增进彼此间的关系，礼仪成了人们社会生活中不可或缺的要素。讲究礼节、注意礼貌、遵守一定的礼仪规范，已成为现代文明社会的一项重要标志。在"讲文明、懂礼貌、相互尊重"原则的基础上形成了完善的礼节形式。

2. 民族性

礼仪作为约定俗成的行为规范，有明显的民族差异性。无论从礼仪的起源还是礼仪的内涵来看，不同的地域、不同的民族、不同的文化等都会造成礼仪的差异性，也就是礼仪的民族性。礼仪正是由于具有民族性，才显示出各民族不同的文化、不同的宗教观念、不同的习俗等；同时，也正是由于礼仪的民族性，才使得礼仪文化丰富多样、精彩纷呈。

3. 继承性

礼仪一旦形成，通常会长期沿袭，经久不衰，这是由礼仪的性质决定的。礼仪不是凭空出现的，它是在不断继承旧的礼仪的基础上推陈出新的。旧礼仪中的精华会作为人类文明的结晶而传承下来。如西方礼仪中的很多礼节、礼貌一直传承到现在，成为现代礼仪不可缺少的部分。

4. 时代性

礼仪不是一成不变的，它是随着时代的发展而发展的。礼仪的内涵决定了它是规范和约束人的社会行为和习俗的，这一特点决定了礼仪具有一定的滞后性。随着社会的发展，人们对旧的礼仪必须进行修正，甚至摧毁。但是，社会的发展需要道德的约束和礼仪的规范，因此，礼仪会在传统的基础上不断更新，以适应时代的要求。

1.3.2　现代礼仪的分类

1. 根据适用对象、适用范围分类

根据适用对象、适用范围的不同，现代礼仪大致可以分为政务礼仪、商务礼仪、服务礼仪、社交礼仪、涉外礼仪等几类，具体如下：

① 政务礼仪　也称国家公务员礼仪，是指国家公务员在执行公务时所应遵守的礼仪；

② 商务礼仪　是指公司、企业的从业人员及其他一切从事经济活动的人士，在经济往来中所应遵守的礼仪；

③ 服务礼仪　是指各类服务行业的从业人员，在自己的工作岗位上所应遵守的礼仪；

④ 社交礼仪　是指社会各界人士，在一般性的交际应酬之中所应遵守的礼仪；

⑤ 涉外礼仪　也称国际礼仪，是指人们在国际交往中，在同外国人打交道时所应遵守的礼仪。

2. 根据交往性质分类

礼仪既然是社会交往中表示尊重和友好的行为规范，那么在人们交往的时候就一定会用到礼仪。人们的社会交往行为非常复杂，为了便于认识与学习，我们可以根据交往性质的不同来划分礼仪。常见分类如下：

① 从行业来分，可以分为铁路客运礼仪、民航客运礼仪、酒店礼仪、商务礼仪等；

② 从交往的程序和过程来分，可以分为见面礼仪、沟通礼仪、宴请礼仪、送客礼仪等；

③ 从行为主体来分，可以分为个人礼仪、家庭礼仪、团体礼仪、国家礼仪等。

■ 学习笔记 ■

不同的社会交往要求不同类型的礼仪行为，不能相互混淆，也不能照搬一般的礼仪。例如，同样是服务行业，酒店服务与民航服务在服务过程中有很大差异，若照搬酒店服务人员的培训方法培训民航服务人员，实际上是忽略了民航自身的行业特点，是不可取的。

■ 学习笔记 ■

思考与探索

1. 思考题

（1）现代礼仪的特征有哪些？

（2）根据适用对象、适用范围不同，现代礼仪分为哪几类？

（3）根据交往性质不同，现代礼仪分为哪几类？

2. 讨论与探索

3人一小组，各小组搜集有关礼仪的小故事，总结学习礼仪的重要性，将小故事及总结写在下面空白处：

第2章

服务礼仪概述

随着时代的发展，人们更渴望温馨、和谐、文明、友善、真诚、安宁的生活空间，这就更加需要服务人员在日常工作中知礼、守礼、行礼，营造和谐、文明的社会环境。通过本章的学习，希望达成以下目标。

【知识目标】

1. 了解服务礼仪的内涵。
2. 掌握服务礼仪的基本原则。

【能力目标】

1. 能正确说出服务礼仪的原则。
2. 了解并掌握服务人员的基本素养。

2.1 服务礼仪的重要性

"不学礼，无以立"出自《论语·季氏篇第十六》。

原文："礼教恭俭庄敬，此乃立身之本。有礼则安，无礼则危。故不学礼，无以立身。"也就是说，人若不学"礼"，就无法在社会中立身。我们从小就开始接受最传统、最朴实的礼仪教育。父母会教育我们：在家里，要与父母尊长打招呼；到学校，要向老师、同学问好；接受别人的帮助时，要说谢谢；打扰别人、给别人带来麻烦时，要说对不起；公共场所不大声喧哗、遵守秩序、排队进出等，这些都是最基本的礼仪常识。

在日常生活中，学习、使用礼仪，首先要了解一些具有共同性、普遍性、指导性的礼仪原则。在人际交往、顾客接待与服务工作中，我们应以现代礼仪为基础，掌握约定俗成的规则，任何违背现代礼仪要求的、我行我素的、嚣张跋扈的行为和言谈都不应该出现。

2.2 服务礼仪的原则

服务礼仪是服务人员在与顾客交往中，以一定的、约定俗成的行为规范、服务流程来表现律己、敬人的过程，涉及穿着、行为举止、交往、沟通、服务等内容，是服务人员与顾客交往的程序、方式，以及与人交往时的行为规范。

服务礼仪的原则是对礼仪在实践中的高度概括，是处理人际关系的指导准则，用来帮助服务行业从业人员规范工作、生活中的礼仪行为，约束不文明的言行举止。只有懂得并遵循服务礼仪的原则，才能做到在为顾客服务的过程中及人际交往中的自然、大方、得体。

服务礼仪是以尊重、真诚、平等、适度、自律为原则的。

1. 尊重原则

服务礼仪的核心是以尊重为本，尊重又是待人接物的根基。尊重可分为尊重自己与尊重他人。尊重自己以自尊、自爱、自信为基础，乐观坦诚，落落大方。尊重他人是礼仪的首要原则，指的是尊重他人的人格、他人的感情、他人的意愿。无论对方职位高低、身份高低、才能大小、身体强弱、相貌俊丑、年龄老幼，都应该给予尊重，使对方获得心理上的满足、精神上的安慰、道义上的支持。

孔子说："礼者，敬人也。"这是对礼仪的核心思想高度的概括。所谓尊重的原则，就是要求把对他人的重视、恭敬、友好放在第一位。相反，如果服务人员在工作中缺乏尊重，则违背了礼仪的核心。你怎么看别人，别人就怎么看你；你怎么对别人，别人就怎么对你。尊重不是别人赋予你的荣誉，尊重是你自己赋予自己的责任。别人就是镜子，映照着你的光彩，也折射着你的灰暗。一个不懂得尊重别人的人，也同样得不到别人的尊重。

2. 真诚原则

真诚原则是指对人、对事的一种实事求是的态度，是待人处世真心实意的友善表现，真诚原则也是礼仪的重要原则。只有真诚待人，才能尊重他人。只有真诚尊重，才能创造出和谐、愉快的人际关系。例如，交通行业服务人员必须以真诚、热情的态度服务于广大旅客。在日常工作中，只有真心诚意地尊重旅客，才能做到言行一致、表里如一，才能通过优雅得体的言行举止表达出对旅客的尊敬与热情，才会更好地被旅客所理解、所接受，从而建立和谐、愉快的服务与被服务的关系。与此相反，倘若仅把礼仪作为一种形式，在具体操作礼仪规范时口是心非，言行不一，则是违背了礼仪的基本宗旨，是不能和旅客很好沟通、得到旅客的认可和褒奖的。

3. 平等原则

服务礼仪是以平等原则为基础的，这是一条非常重要的原则。平等就是以礼待人，礼尚往来，既不盛气凌人，也不卑躬屈膝。平等原则要求我们在处理人际关系的过程中，尤其在服务接待中，对服务对象，不管是外宾，还是本国同胞，都要满腔热情、一视同仁地对待，应本着"来者都是客"的真诚态度，以优质服务取得宾客的信任，使他们乘兴而来，满意而归。

4. 适度原则

适度原则是指交往中需要把握分寸，即根据具体情境，选择相应的礼仪。如在与人交往时，既要彬彬有礼，又不能低三下四；既要热情大方，又不能轻浮阿谀；要自尊，但不要自负；要坦诚，但不能粗鲁；要信任，但不要轻信；要活泼，但不能轻浮。这是因为凡事过犹不及，运用礼仪时，假如做得过了头，或者做得不到位，都不能正确地表达自己

一方的律己、敬人之意。当然，运用礼仪要真正做到恰到好处、恰如其分，只有勤学多练，积极实践，才能有良好的效果。

5. 自律原则

礼仪作为行为的规范、处事的准则，反映了人们共同的利益要求。每个人都有责任、义务去维护它、遵守它。各种类型的人际交往，都应当自觉遵守现代社会早已达成共识的道德规范(社会公德、遵时守信、谦虚友善等)。在人际交往中，交往双方都希望得到对方的尊重。因此，我们应该首先检查自己的行为是否符合礼仪规范的要求，主动做到严于律己、宽以待人。只有这样，才能在人际交往中塑造自身的良好形象，得到别人的尊重。

2.3 服务人员的基本素养

对于服务社会大众的窗口性行业，其从业人员是让每一位服务对象直接感受公司服务理念、服务宗旨、服务质量的第一人。随着人们生活质量的提高，越来越多的人在进行选择时，不仅要考虑核心产品的性能优势，更要考虑服务的可获得性及服务人员对客人的服务态度。由此，作为一名服务人员，整体的职业素养在激烈的竞争中成为最核心的指标。那么整体的职业素养都包括哪些方面呢？简单来说它包括两个方面：优良的服务态度和娴熟的服务技能。

1. 优良的服务态度

优质的服务从优良的服务态度开始，所以说服务态度是服务质量的基础。优良的服务态度通常涉及以下4个方面：

① 主动热情；

② 尽职尽责；

③ 耐心周到；

④ 文明礼貌。

2. 娴熟的服务技能

服务指的是满足他人某种需求的特殊礼遇行为，例如票务人员的服务就是满足旅客购票的礼遇行为。只有熟练掌握业务知识，严格执行服务标准，才能对答如流地为旅客提供高质量的服务。

■ 学习笔记 ■

思考与探索

1. 思考题

（1）服务礼仪的原则有哪些？

（2）你认为一名优秀的客运服务人员应该具备哪些素质？

2. 讨论与探索

5人一小组，以小组为单位，搜集有关客运服务中体现服务礼仪原则的故事，将它分享在下面的空白处：

■ 学习笔记 ■

第3章

服务人员的仪容仪表礼仪

仪容，通常指的是人的外观、外貌。仪表则综合了人的外表，包括人的形体、容貌、健康状况、姿态、举止、服饰、风度等方面，是举止风度的外在体现。对于服务人员，仪容仪表尤为重要。通过本章的学习，希望达成以下目标。

【知识目标】

1. 了解服务人员的发型标准。
2. 了解服务人员的面部修饰标准。
3. 掌握服务人员的仪容禁忌。

【能力目标】

1. 能正确说出服务人员的仪容仪表要求。
2. 掌握服务人员的面部修饰技能。

3.1 仪容仪表的重要性

心理学研究发现，与一个人初次会面，7 s 内就能产生第一印象。第一印象又被称为"首因效应"，是指最先的印象对他人的社会知觉产生的较强影响。在生活节奏不断加快的现代社会，很少有人愿意花时间去了解一个对其第一印象不好的人。尽管有时第一印象并不完全正确，但人们在做决策时，第一印象总会在情感因素中起主导作用。作为一名服务人员，我们永远不会有第二次机会给客人留下美好的印象。因此，注重个人仪容仪表十分重要。

作为一名合格的服务人员，在每次上岗前都必须按照公司的要求着装，按照公司的发型标准梳理打扮，按照公司的妆容标准修饰自己的容貌，以此维护公司的形象和尊严，切不可按照自己的个性来设计发型、着装。

知识链接

■ 学习笔记 ■

仪容美是自然美、修饰美、内在美的统一。自然美指先天条件、天生资质；修饰美指通过修饰扬长避短；内在美指修炼于心、表露于外的气质。

3.2 服务人员的发型

3.2.1 洗护头发

清洁头发，保证头发无异味。应做到勤洗（油性头发及使用过发胶的头发应每天清洗）、勤修（男士）、勤梳理（特别是上岗前、脱帽后，但不当众梳理），保证头皮清洁，无头皮屑，无异物。如果头发上出现头皮屑、油光、毛糙、开叉、散乱、翻翘等现象，不仅影响美观，也会让旅客对航空、铁路的餐饮卫生情况产生怀疑，因此保证头发的清洁、健康尤为重要。

1. 洗发

① **选择洗发水**　易出油的油性发质应选择清洁力强的去油洗发水，发质干燥的干性发质应选择保湿、滋润的干性修护洗发水，中性发质应选用温和的中性洗发水。

② **梳头**　洗发前先梳顺头发，方便下一步的清洗。

③ **打湿头发**　用温水把头发打湿，直到底层头皮处的头发和上层头发全部湿透。

④ **使用洗发水**　将洗发水倒入手掌，加水稀释起泡，或使用起泡网将洗发水稀释并揉搓出丰富泡沫。注意：不要将洗发水直接涂抹在头皮上，以免头皮受到过度刺激，导致皮肤过敏，产生头皮屑。

⑤ **清洁头发**　将洗发水揉搓出来的泡沫均匀地涂抹在头发上，用手指指腹按摩、揉搓头发。

⑥ **冲洗**　用温水冲洗，注意耳后及发际线处，将洗发水泡沫彻底清洗干净。

⑦ **涂抹护发素**　将头发微微擦拭至不滴水状态，护发素涂抹在发梢部分，轻轻按摩一会儿，用温水冲洗。

⑧ **干发**　用毛巾将头发轻轻按搓，直到头发上的多余水分被擦干，也可以使用吹风机。注意：吹风机离头发至少 20 cm，不要长时间高温吹发，以免损伤发质。

2. 日常头发护理

① **梳发**　尽量使用木制发梳，将头发从前、后、左、右四个方向进行梳理，可以按摩头皮，促进头部血液循环，稳固发根，柔韧头发。

② **按摩头皮**　将两手十指张开，手指腹在头皮上按摩，来放松头部的紧张感。

3.2.2　发型规范

1. 男士发型

要求：前发不遮眉，侧发不掩耳，后发不及领。

也就是说，男生从正面看头发保持在额头上方，不遮盖眉毛；从侧面看鬓角不超出内耳廓下端，不遮耳朵，露出双耳；从后面看，头发不触及衣领上线，如图 3-1 所示。

■ 学习笔记 ■

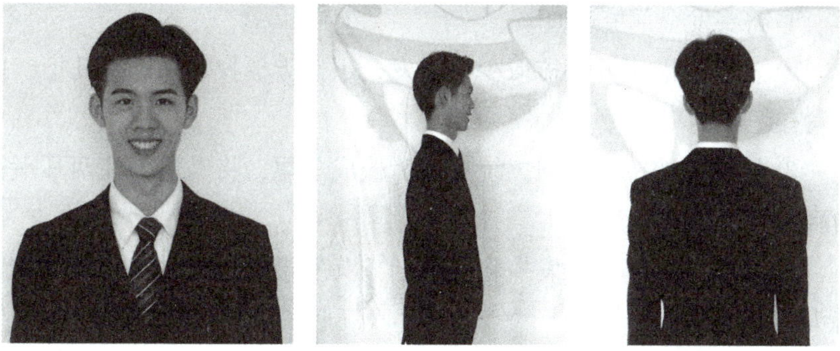

图3-1　男士发型

男士不可剃光头，不可留小平头、阴阳头，不留中分，不烫夸张发型，不染异色发。如有白发且白发较多，建议染发，染色以接近黑色或接近自己发色为宜。

2. 女士发型

要求： 长发必须盘起。

长发必须盘起，一是出于客运安全的需要，利落干练的盘发，在发生紧急情况时，可以减少不必要的阻碍，保证迅速地采取应急措施；二是服务行业的职业需要，干净整洁的盘发，更能凸显专业性和职业气质。

1）盘发工具

盘发工具通常包括定型发胶、尖尾梳、发网、发夹（一字夹，U 形夹）、黑色皮筋，如图 3-2 所示。

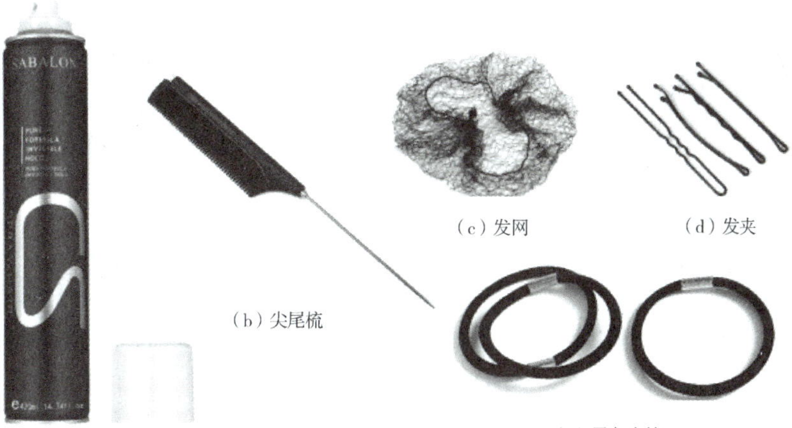

（c）发网　　　（d）发夹

（b）尖尾梳

（e）黑色皮筋

（a）定型发胶

图3-2　盘发工具

2）盘发方法

（1）后背式盘发（见图 3-3）

① 将头发全部梳理通顺。

② 头发前沿用分发梳取少量头发，用密齿梳拉起来倒梳几下，使头发有蓬松感。

③ 将头发按一个走向，统一向后梳成马尾，将马尾绑在两耳平行的后脑勺中部位置。

④ 调整头顶，用分发梳将额前上方头发微微挑起，一定要注意保持头顶轮廓的圆度。

⑤ 使用喷雾式发胶初步定型，包括额前碎发、耳后及脑后碎发。

⑥ 用黑色一字夹固定耳后碎发。

⑦ 将隐形发网打结处一端套在马尾皮筋处，用U形夹在马尾后固定。

⑧ 将整个马尾顺畅地放进隐形发网中。

⑨ 盘发，向上卷绕，不要过度拧转，一般以一圈半为宜，将发尾隐藏在发髻中。

⑩ 用U形夹固定发髻，上、下、左、右位置各一个。为了更好地固定发髻，也可使用更多U形夹来保证发髻的稳定。

⑪ 检查发髻，取另外一面镜子反照发髻，查看发髻盘绕形状，并及时做出调整。

⑫ 再次定型，可使用膏状发胶，将额前头发及耳后碎发用手指按压抚平后定型。

图3-3 后背式盘发

（2）侧分式盘发（见图3-4）

① 将头发全部梳理通顺。

② 与一侧眉峰对齐处挑取一缕头发，左右均可，单独分离出来做暂时性固定。

③ 将其余头发向后梳成马尾扎起来，马尾高度固定在与两耳平行的后脑勺中部位置。

④ 将第②步分离出来的头发按刘海的感觉贴合在头发上，斜拉至耳后，露出眉毛，并用黑色一字夹在耳朵后方固定。

⑤ 将拉至耳后的那缕头发和马尾融合，用手攥住融合后的马尾不要松手，另一只手将马尾皮筋松开，再将融合后的马尾捆绑。

⑥ 使用喷雾式发胶初步定型，前额上方头发可以用小梳子一边整理一边定型。

⑦ 用黑色一字夹在另一侧耳后固定碎发。

⑧ 将隐形发网打结处一端套在马尾皮筋处，用 U 形夹在马尾后固定。

⑨ 将整个马尾顺畅地放进隐形发网中。

⑩ 盘发 (向上卷绕，不要过度拧转，一圈半为宜，将发尾隐藏在发髻中)。

⑪ 用 U 形夹固定发髻，上、下、左、右位置各一个。为了更好地固定发髻，也可使用更多 U 形夹来固定。

⑫ 检查发髻，取另外一面镜子反照发髻，查看发髻盘绕形状，并及时做出调整。

⑬ 再次定型，可使用膏状发胶，将额前头发及耳后碎发用手指按压抚平后定型。

图3-4　侧分式盘发

（3）其他要求

① 头发应保持干净，有光泽，无头皮屑，及时清洗。

② 任何一种发型都应梳理整齐,使用发胶定型,不得有蓬乱的感觉。

学习笔记

③ 扎马尾盘发时需用与自己头发颜色一样的皮筋,如黑色、深棕色,不可用其他彩色或很粗的皮筋,发绳上不带任何装饰物。

操作练习与思考、探索

1. 操作练习
以小组为单位进行盘发练习,直到熟练掌握盘发技能。

2. 思考题
(1)男性服务人员的发型要求是什么?

(2)为什么女性服务人员需要盘发?

(3)盘发有几种方法?

3. 讨论与探索

存在的问题	解决的方法

3.3　服务人员的面部修饰

3.3.1　皮肤护理

服务人员的仪容要求是整洁、端庄、自然。要勤洗澡,脖颈、手、足、耳朵及耳后、腋下要干净、无异味,眼角、嘴角及鼻孔无分泌物残留。保持脸部清洁，不允许出现较大面积的痤疮、疖子或疱疹。一旦出现这类问题，应及时去医院就诊，不能任其发展，也不能在没有杀菌消毒的条件下自己草率处理。

知识链接

认识皮肤类型

科学饮食、保证睡眠充足、注重劳逸结合、保持心情愉悦、积极锻炼身体，是皮肤健康的基础。要根据不同季节、不同气候、不同年龄、不同部位、不同皮肤状况，选择相应的洁肤、护肤用品。

皮肤类型共分 5 种，分别是中性、干性、油性、混合型（混合偏干或混合偏油）和敏感性（也叫问题性皮肤）。

1. 中性皮肤

特征： 整体状态非常好的皮肤，也是大家最期待的一种皮肤，目前只有在婴儿脸上可以看到。现代人受生活作息规律、饮食习惯、环境气候的影响，导致皮肤从很早就开始发生了变化。

2. 干性皮肤

特征： 皮肤表面干燥、紧绷、毛孔细；皮肤油脂分泌较少，容易脱皮；容易长皱纹、色斑；皮肤暗黄，没有光泽，经不起外界的刺激；新陈代谢比较慢，吸收不好，护理不当会加速老化；化妆不服贴。

改善方法： 注重补水；加速皮肤的新陈代谢；选择温和的洁面类产品，避免清洁力太强的产品；使用温水洗脸。

3. 油性皮肤

特征： 毛孔粗大，油脂分泌多，容易出现毛孔堵塞和痤疮的状况，皮肤暗黄；化妆容易脱妆；皮肤抵抗力差，易过敏。

改善方法： 注重清洁和控油，通过调节皮肤的水油平衡来收缩毛孔。推荐产品类型：卸妆油、去角质产品、面膜、清爽型的护肤水。饮食忌口：糖类、咖啡、辛辣刺激的食物（特别是油炸和烧烤类的食品）。应多吃富含维生素 B_2 和 B_6 的食物（大枣、西红柿、玉米、茄子、黄瓜、大白菜、海带、紫菜、全麦粉、牛肝、

牛奶、蘑菇等）。

4.混合型皮肤

特征：皮肤呈现两种状态，多见为 T 形区出油、两颊偏干，并时有粉刺出现。男性 80% 都是混合型的肤质，甚至有些干性皮肤和油性皮肤会随着生活习惯和护理方式不同而演变成混合型皮肤。

改善方法：调节水油平衡，根据肤质偏干和偏油的程度及季节和护肤方法来选择护肤品。

5.敏感性皮肤

特征：皮肤比较敏感，两颊的角质层偏薄，有红血丝，皮肤容易出现红肿、刺痒和脱皮、脱水的现象。这类皮肤的形成有先天和后天的因素，后者多数是因护理不当、选择不合适的功效型产品（特别是祛斑类的）造成的。

改善方法：一定要注意不能用过冷或过热的水洗脸；防晒的护肤品一定要用，这样可以减轻日光对皮肤的伤害；选择温和补水的护肤品，注意不能选择含酒精或香料过多的产品，否则会导致角质层太薄锁不住水分。敏感性皮肤用护肤产品前一定要先做皮肤测试：于耳后或者手肘处涂抹，静待 5 min，看是否有不适反应。

1. 清洁皮肤

我们的面部皮肤长时间暴露在空气中，空气中的灰尘、细菌会附着在我们的皮肤上，同时由于我们身体的新陈代谢，皮肤的表面会堆积很多角质化细胞，所以正确地清洁面部皮肤是保证皮肤状态良好的首要步骤。

1）洁肤准备

温水、洁肤品、镜子等。

2）清洁皮肤

用双手捧取温水轻轻湿润面部，再取用洁肤品于手掌心，两手平搓至洁肤品起泡，然后轻轻在面部以打圈圈的方式揉搓，避开眼睛、嘴巴（见图 3-5），依次从两颊、额头、鼻翼、下巴进行打圈式揉搓，注意兼顾耳朵后方和颈部；然后，再用温水洗去洁肤品，尤其要注意彻底清洁发际线处的残留，以免长痘和疹子；最后，双手轻轻捧起常温水洒向面部 2~3 次，以帮助皮肤收缩毛孔，保持皮肤弹性。

■ 学习笔记 ■

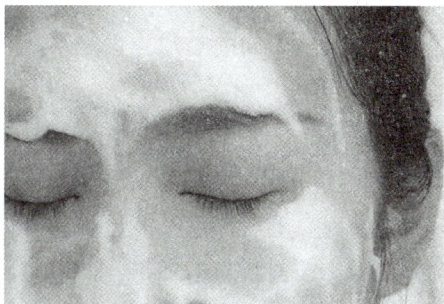

图3-5　清洁面部皮肤

2. 保养皮肤

根据不同的肤质选择适当的护肤品。民航和轨道交通服务人员所处的环境空气干燥，皮肤易缺水，所以在选用适当的护肤品后，也要注意日常补水，如敷用补水面膜、使用补水喷雾等。

3.3.2　唇部护理

秋冬季节及风季，我们的唇部会因空气过于干燥而缺水。唇部也会在我们极度紧张或讲话时间过长后出现干裂的状况，甚至脱皮和红肿，如图 3-6 所示。所以唇部护理显得格外重要。

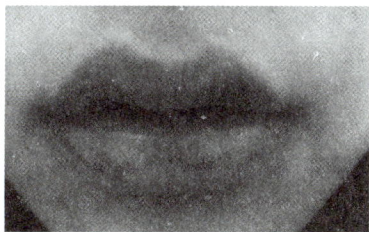

图3-6　干裂的嘴唇

日常唇部护理可以分为两个步骤：一是清洁唇部，将洁净的毛巾用热水打湿后轻轻敷在唇部一会儿，软化唇部角质层后，用温水轻轻地按摩；二是在唇部清洗干净后涂上无色润唇膏。男士同样也需要进行唇部护理，因为脱皮和充满裂痕的唇会给别人留下非常不好的印象。

3.3.3　口腔护理

清洁口腔，保持口气清新。牙齿是口腔的门面，牙齿的清洁是仪表美的重要部分，不洁的牙齿被认为是交际中的障碍。应早晚刷牙，每次最少 3 min，还要注意舌面清洁。在社交场合进餐后，切忌当着别人的

面剔牙，可以用手掌或餐巾纸掩住嘴，然后再剔牙。如果口腔有异味，必要时，可嚼口香糖，但在他人面前嚼口香糖是不礼貌的，特别是与人交谈时更不应嚼口香糖。

3.3.4　耳鼻护理

要定期清理耳垢，修剪鼻毛。鼻毛不能过长，因为过长的鼻毛非常有碍美观。修剪时可以用小剪刀将鼻毛剪短，但不要用手拔，尤其是不能当着其他人的面修整鼻毛。还要重视护理鼻子周围的皮肤。耳部要清理耳垢，保持耳根、耳廓的洁净（冬季谨防冻疮）。

■ 学习笔记 ■

知识拓展

手是仪容的重要部位。一双洁净的手，是交往时的最低要求。要经常修剪指甲，修剪指甲时，指甲沟附近的"爆皮"要同时剪去，不能用牙齿啃指甲。特别需要指出的是，在任何公共场合修剪指甲都是不文明、不雅观的。

手部的基本要求如下：

① 手部应干净、柔嫩。

② 指甲长度不超过指尖 2 mm；应修成椭圆形，边缘光滑、圆润，如图 3-7 所示。

③ 女士不抹指甲油，不贴假指甲。

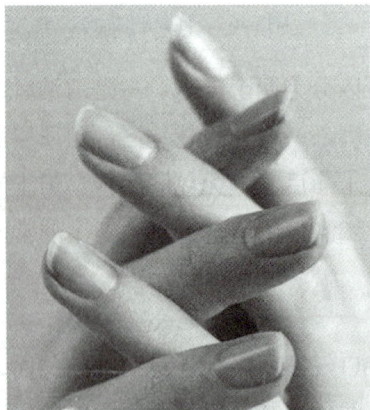

图3-7　符合要求的指甲

操作练习与思考、探索

1. 操作练习

以小组为单位，对彼此的皮肤、耳、鼻、口腔、唇部进行检查，并针对存在的问题提出解决办法。

2. 思考题

（1）服务人员的面部修饰包括哪些方面?

（2）你在生活中有哪些良好的护肤小习惯?

3. 讨论与探索

存在的问题	解决的方法

3.4 服务人员着装的基本原则

一个人的着装，不仅代表其个人审美喜好，还能反映其社会地位和文化修养，更能表现出这个人对自己和他人的重视程度，以及对待生活的态度。

3.4.1 TPO 原则

TPO 是三个英语单词的首字母缩写，这三个单词分别是 time、place、object。T 代表时间、季节、时令、时代；P 代表地点、场合、职位；

O代表目的、对象。着装的TPO原则是世界通行的着装打扮的最基本原则。它要求人们的服饰应力求和谐。着装要与时间、季节、时令相吻合；要与所处场合、环境相适应；要与不同国家、区域、民族的不同习俗相吻合；要与着装人的身份相吻合；要根据不同的交往目的、交往对象选择服饰。

3.4.2　整洁原则

无论在什么情况下，着装都应该整齐、无污渍，特别是领口和袖口。扣子等配件也必须无缺失或无不搭配。衣服不要在出现开线、破洞时依然穿着，如有这类情况，应尽早修补。当处在夏季或在温度较高环境内时，应注意避免汗渍污染服装，给别人留下不好的印象。

3.4.3　整体性原则

恰当的着装能修饰体形，每个人都应追求着装的和谐美。例如服务人员着统一制服时，一定要成套，因为每一家公司的制服都是由服装设计师根据企业文化、流行趋势等因素精心设计的，包括丝巾和领带等配饰，每一处细节都凸显着整体性、和谐美。

3.5　制服的穿着标准

精心设计的制服，高雅、大方、利落又不失时尚，每一家公司都有独特的经过精心设计的制服，它凸显了职业特点，也是一个公司的形象标签。因此，我们要重视制服的穿着，认真对待制服文化，让得体的着装使你在第一时间给他人留下良好的印象。

3.5.1　女士制服要求

1.套裙和套裤

衣服要整理平整，上衣、外套系好纽扣，口袋不可放任何物品，如钥匙、笔、手机等。不可挽起袖口或裤脚。

2.衬衣及马甲

衬衣分为长袖和短袖，夏季穿短袖衬衣，春、秋、冬季穿长袖衬衣。穿衬衣时必须着马甲，衬衣要清洗干净，熨烫平整，下摆扎进裤腰或裙腰，系好所有的纽扣。口袋不可放任何物品，如钥匙、笔、手机

学习笔记

等。不可挽起袖口。

3. 大衣

须系好纽扣，系好腰带，不可敞开前襟。可配搭围巾或丝巾。

4. 围裙

餐饮服务时要穿着围裙，其余时间，特别是打扫卫生间时应脱下围裙。

5. 皮鞋

皮鞋应保持光亮、无破损。皮鞋选用无任何装饰品的纯面亚光皮鞋，鞋跟不超过 6 cm，同时也不宜过细或过粗，如图 3-8 所示。

图 3-8　纯面亚光皮鞋

6. 丝袜

丝袜应颜色统一，要符合所在公司的要求，并且无破损、无抽丝。随身包里应多准备一双替换丝袜，以备不时之需。

注意：制服应统一着装，不可随意混搭，如图 3-9 所示。

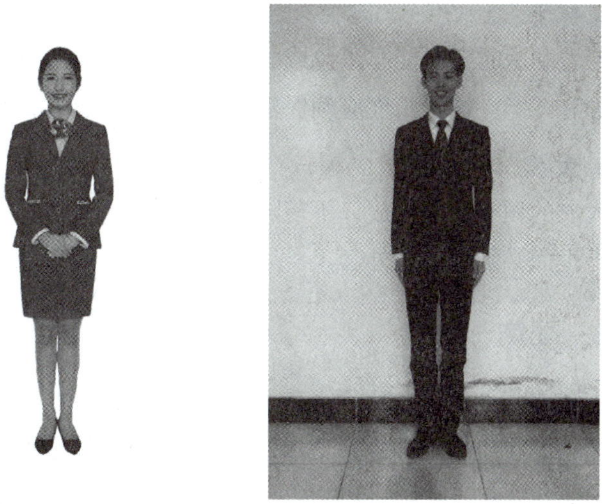

图3-9　制服统一着装

■ 学习笔记 ■

25

3.5.2 男士制服要求

1. 制服外套

制服应整理平整，系好纽扣，不要挽起袖口。

2. 衬衣和马甲

衬衣分为长袖、短袖两种，应清洗干净，熨烫平整，穿着时必须系好所有的纽扣，将衬衫下摆扎进裤腰，任何时候都不要挽起袖口。夏季穿衬衫时里面可以穿一件白色背心。着马甲时也要系好纽扣，整理平整。

3. 裤子

裤子应熨烫平整，保持干净，任何时候都不能挽起裤脚。裤子的长度以裤脚轻搭在鞋面上方为宜。裤兜内不得放置物品，如钥匙、笔、手机等。

4. 皮鞋

皮鞋应干净、光亮，以系带黑色纯面皮鞋为宜，如图3-10所示。

图3-10　黑色纯面男士皮鞋

5. 袜子

穿着制服时，只能穿黑色或藏蓝色的中长袜子，袜子上不应带有任何标志和图形。袜子长度应确保坐下、蹲下时不露出腿部的皮肤。

6. 大衣

大衣的领子需要平放，不能随意立起，所有的扣子都应扣好。穿大衣时，里面必须着制服外套。

3.5.3 配饰

1. 帽子

帽檐要在眉毛上方一到二指处，帽徽端正，应保持帽檐洁净、帽子不变形。着外套、风衣、大衣时，或在举办大活动时，或在对外宣传时，应戴帽子，但着衬衣、马甲时可不戴帽子。摘下帽子后，不得随意乱丢或拿在手中把玩。

2. 丝巾

着制服时，需要系上统一配发的丝巾，丝巾应紧贴脖子佩戴，丝巾造型如花朵放置在左肩处。下面是几种丝巾的系法：

第一种系法是平结，如图 3-11 所示。

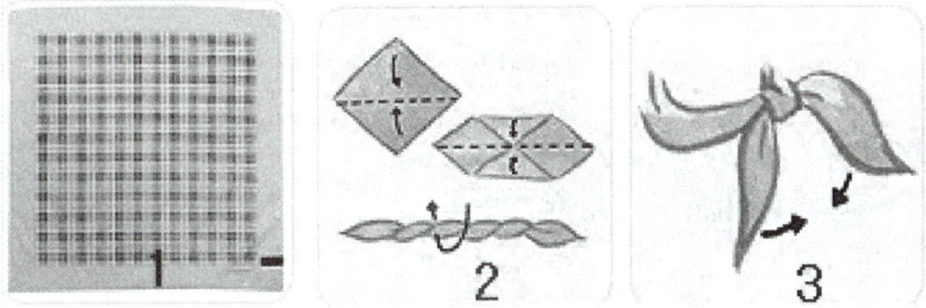

图3-11　平结

步骤如下：

① 对角折叠数次至合适宽度。

② 将丝巾佩戴在颈部，两端交叉。上方的一端拉长一些，在短的一端自下向上穿出，打一个结。

③ 将穿出的一端绕过短的一端再打一个结。调整丝巾两端的形状，使左右两端对称。

④ 将打好的丝巾结移至左肩上方。

第二种系法是扇形结，如图 3-12 所示。

图3-12　扇形结

步骤如下：

① 将丝巾平铺。

② 从丝巾一侧上下折叠至另一侧（如折纸扇）。

③ 折叠好的丝巾绕过颈部，穿过丝巾扣，固定好。

④ 整理好形状，打开成扇子的形状置于左肩处。

第三种系法是三角结，如图 3-13 所示。

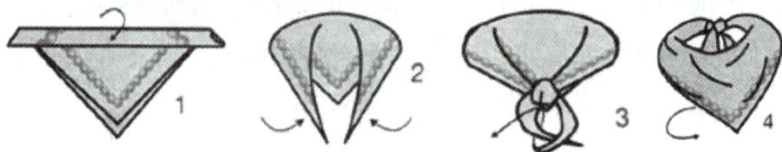

图3-13　三角结

步骤如下：

① 将丝巾对角折成三角形。

② 将三角形长底边朝三角折起，再反方向对折。

③ 抓住丝巾两端，三角形垂悬面在前方，两端绕至颈后打结。

④ 调整折痕，令层次分明、整齐。

第四种系法是玫瑰花结，如图 3-14 所示。

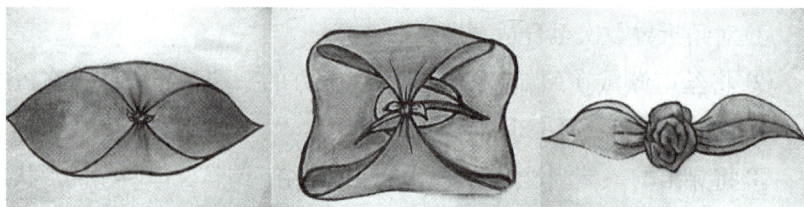

图3-14　玫瑰花结

步骤如下：

① 取任意两个对角，打一个牢固的小结。

② 将另两个角交错通过小结和丝巾大身之间形成的空隙。

③ 轻轻往两端抽拉，得到一朵花形的空心结。可稍稍调整，使花朵饱满。

④ 扭转两头长长的没有经过打结处理的丝巾角，并注意保持花形空心结的基本形状。

⑤ 将花朵置在左肩上方，将两端扭转处理好的丝巾角缠绕在脖颈后，系上小平结。

3. 领带

男士着制服时，应佩戴统一配置的领带。当站立姿势打领带时，领带长度以最下方三角尖落在皮带扣中心位置为宜。着马甲时，领带放在马甲里面。图 3-15 是领带的基本系法。

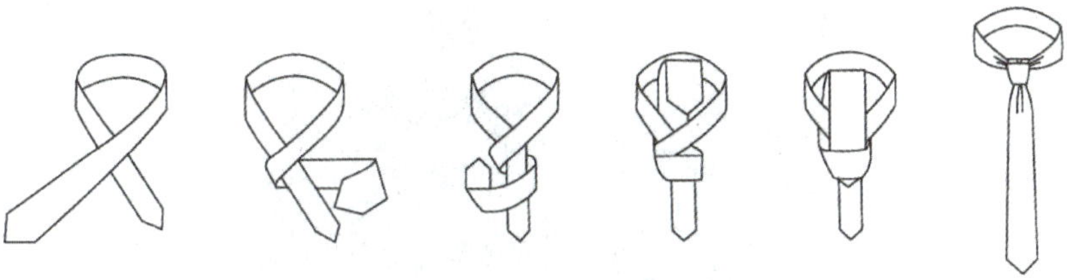

图3-15　领带的基本系法

4. 皮带

男士皮带扣款式要简洁大方，如黑色、无花纹。

5. 胸牌

女士佩戴胸牌的位置如下：

① 穿制服外套时胸牌佩戴在左上方口袋边沿上方正中间位置。

② 戴围裙时佩戴在左上方的肩带与裙身之间。

③ 穿马甲时佩戴在左上方口袋边沿上方正中间位置，如图 3-16 所示。

图3-16　女士穿马甲时胸牌的位置

男士佩戴胸牌的位置如下：

① 穿制服外套时胸牌佩戴在左上口袋边沿上方正中间位置，如图 3-17 所示。

图3-17　男士穿制服外套时胸牌的位置

②穿马甲时佩戴在马甲左上口袋边沿上方正中间位置，如图 3-18 所示。

图3-18　男士穿马甲时胸牌的位置

③穿衬衣时佩戴在衬衣左上侧口袋边沿的上方正中间的位置，如图 3-19 所示。

图3-19　男士穿衬衣时胸牌的位置

6. 其他饰物

① **手表**　男士、女士在工作时必须佩戴手表，应选用正规的皮表带或者金属表带手表；执勤时必须佩戴走时准确、有时间刻度的手表。

表盘形状仅限圆形、椭圆形、方形和长方形，不得有花纹、装饰图案、镶嵌物，颜色仅限黑色、白色、金色和银色，禁止彩色表盘、卡通表和夸张的手表。表盘直径或长度不得超过 2 cm；表带宽度不得超过 2 cm。

② **耳饰**　女士允许佩戴一对不超过黄豆粒大小的耳钉。禁止一个耳朵上有两个以上的耳洞；禁止只在一侧佩戴耳钉；不得佩戴任何超出耳垂轮廓或多出一对的饰品。男士耳部不得佩戴任何饰品。

③ **首饰**　禁止佩戴手链、手镯、脚链、胸针等其他饰物。

④ **指甲油**　男士和女士均不可涂各种颜色的指甲油。

■ 学习笔记 ■

操作练习与思考、探索

1. 操作练习

进行打领带和系丝巾的练习，直到熟练掌握操作技能。

2. 思考题

（1）着装的三个原则是什么？

（2）男士穿马甲时领带应该放在什么地方？

（3）服务人员佩戴手表的要求是什么？

3. 讨论与探索

存在的问题	解决的方法

第4章

服务人员的仪态礼仪

仪态也叫仪姿，泛指人们身体所呈现出的各种姿态，包括动作、神态、表情和相对静止的体态。仪态是表现个人涵养的一面镜子，也是构成个人外在美的主要因素。不同的仪态显示人们不同的精神状态和文化修养，传递不同的信息。通过本章的学习，希望达成以下目标。

【知识目标】

1. 了解服务人员的表情、站姿、坐姿、行姿、蹲姿标准。
2. 熟记服务人员的手势礼仪。
3. 掌握服务人员的鞠躬致意礼。

【能力目标】

1. 能正确说出服务人员仪态标准。
2. 能用服务人员仪态禁忌指导自己的日常行为。

4.1　仪态的美化标准

从狭义上讲，仪态指的是人的站、走、坐、蹲、表情等姿势的行为规范。因为人们的面部表情、体态变化、举手投足都可以表达思想感情，所以每个人的仪表都体现其道德修养、文化水平、职业态度等。潇洒的风度，优雅的举止，常常被人羡慕和称赞，也会给人留下深刻的印象。人们会通过一个人的仪态来判断其品位、学识、能力等。

■ **学习笔记** ■

仪态的美化有 4 个标准：

① **仪态文明**　要求仪态要显得有修养，有礼貌，不应在他人面前有粗野动作和行为；

② **仪态自然**　要求仪态既要庄重，又要大方，不要装腔作势；

③ **仪态美观**　这是高层次的要求，要求仪态要优雅脱俗、美观耐看，能给人留下美好的印象；

④ **仪态敬人**　要求不要有失敬于人的仪态，要通过良好的仪态来体现敬人之意。

4.2　面部表情

面部表情是我们与人交往时最容易被观察到的体态语言，如微笑被称为是世界上唯一不分国籍的语言。我们在形容一个人非常高兴时常用"眉开眼笑"这个词，指的是眉毛舒展、眼含笑意。我们也常说眼睛是心灵的窗户，当你还没有开口跟对方说话时，你的眼神已经表露出你的内心，或开心，或讨厌，或疑惑，或坚定。因为面部表情是非常重要的信息来源，所以我们需要从微笑和眼神两方面来进行面部表情练习。

4.2.1　微笑

人们常说，爱笑的人，运气不会太差，因为在与人交往的过程中，微笑能第一时间表达出自己内心对对方的态度。社会交往中，一个时常面带微笑的人，更容易受到大家的欢迎。

1. 微笑的作用

简单来说，微笑能表达以下几种情绪：

① 心境良好；

② 真诚友善；

③ 乐观自信；

④ 敬业乐业。

2. 完美的服务微笑

微笑带来的是一种情绪，这种情绪会传染给身边的人，并影响和感染他人。微笑是最经济的投资，它几乎不需要任何成本。完美的微笑应是发自内心的，它牵动眉宇、唇齿及面部肌肉，通过表情、动作和语气散发出来，而做作的假笑往往给人带来不好的感知体验。

完美的服务微笑（见图 4-1、图 4-2）涉及以下几个方面。

图4-1　完美的服务微笑（男）　　　　图4-2　完美的服务微笑（女）

1）真诚

真诚的微笑一定是与心情契合的，我们需要带着一颗善良、感恩、豁达的心，诚恳地面对所有旅客。例如，迎客时用发自内心的微笑感谢光临。

2）纯净

微笑应纯净，只反映愉悦的心情，不参杂丝毫的杂念。在客运服务工作中，我们为了表达对旅客的友好之情，给旅客带来愉快的服务体验，微笑时不应该有勉强、反感、鄙视、嘲笑的意味。

3）适度

当我们内心感到非常愉悦时，常常用"开怀大笑"来表达自己的情绪，但作为服务人员，微笑要注意分寸，在旅客面前尽量保持不发出声音的微笑，切忌毫无顾忌地张嘴大笑。

4）适时

微笑也需要分场合和目标人群，要恰到好处、善解人意。例如，在严肃、庄严的场合，不应大笑。

■ 学习笔记 ■

3. 服务人员微笑的八大原则

作为服务人员，不仅微笑要亲切温暖，更要符合行业规范。下面介绍服务人员微笑的八大原则。

1）主动微笑原则

作为一名训练有素的服务人员，在与乘客目光接触的同时，应首先向对方微笑，然后再开口说话，表示欢迎。如果对方微笑在先，服务人员则必须马上还以礼仪性的微笑。这会给人以彬彬有礼、热情的感觉，会营造出一个友好、热情并对自己服务有利的气氛和场景，也会因此赢得对方满意的回应。

2）自然大方微笑原则

服务人员微笑时要神态自然、热情适度，最好表现为目光有神、眉开眼笑，这样才显得亲切、真诚、温暖、大方，使乘客有"宾至如归"的感觉。千万不可表演色彩过浓、故作姿态、生硬应付，像那种皮笑肉不笑的笑法，会让人感觉很假，很没有诚意。

3）眼中含笑原则

一个人是不是开心地笑，是不是真诚地笑，从其眼睛中就能找到答案。举个例子，现在媒体上模特、演员的微笑频频曝光，他们能在瞬间让自己美丽的笑脸出现在镜头前，但这些笑脸虽然也很美，但常常不动人，也不会让人感到亲切。为何？如果你试着把他们眼睛以下的部位遮盖起来，将发现他们笑脸上的眼睛原来是非常冷漠的。所以，作为客运服务人员，要微笑，更要眼中含笑地微笑，让旅客真正地感受到你是在用心微笑。

4）真诚微笑原则

客运服务人员对乘客的微笑，应该是自内心发出的。微笑的目的是欢迎旅客的到来，是对自己形象礼仪的展示。因此，微笑要真诚，要真诚地欢迎乘客，真实地展现自己，以这种方式让旅客和自己都得到快乐。只有这样，旅客才会在整个旅途中拥有愉快的心情，才会积极地配合乘务人员的工作。

5）健康微笑原则

微笑应该是健康的、爽朗的。自身状况不佳时，即使露出笑脸，也会给人不自然的感觉。若一脸病相、倦相，或微笑时牙齿不洁、不整，甚至有异味，则很难给人留下好印象。

作为一名客运服务人员，在工作之余，要利用一切机会进行体育

锻炼，好的身体和形象是"1"，其余的都是"1"后面的"0"，只有"1"存在，其后的"0"才有意义。

6）最佳时机微笑原则

服务人员在目光与旅客接触的瞬间，就要启动微笑模式，此时应目光平视旅客，坦然自信，不可斜视旅客，不可左顾右盼、交头接耳，也不要有羞涩之感。微笑的最佳时间长度以不超过 3 s 为宜，时间过长会给人假笑或不礼貌的感觉。

注意，微笑的开启和收拢动作要自然，切忌突然用力启动和突然收拢微笑，否则会吓跑乘客。

7）一视同仁原则

旅客千差万别，各色各态，但"来的都是客"，必须一视同仁，不能凭外表的差别、凭主观之好恶而区别对待。无论是外宾还是内宾、男乘客还是女乘客，都得同等对待，一律待之以微笑，切忌以貌取人。

8）天天微笑原则

对服务人员来讲，微笑应是自然、习惯的表情。因此，应让自己保持天天微笑的习惯，不能高兴就微笑，不高兴就不微笑。要一进入工作岗位，就能抛弃一切个人的烦恼、不安、不快情绪，振奋精神，热情地为旅客服务。有了良好的微笑习惯，就能让微笑服务进入新的境界。

4. 微笑练习法

1）含箸练习法

选择一根洁净、光滑的木筷子，用两颗门牙轻轻咬住筷子的中部，对着镜子观察，使嘴角尽力上翘，尽力让自己上翘的嘴角高于筷子，用双手两个食指抵住嘴角向上轻轻推，尽量使嘴角形成漂亮的弧度，以露出上排牙齿的 8 颗为宜，同时发出"一"的声音，坚持 30 s 后慢慢放松，重复此动作，直到可以坚持 5 min、10 min、20 min，甚至 30 min。

2）对镜练习法

拿一面镜子，对着镜子中的自己，五官放松，轻启嘴唇，嘴角上扬，调整出最自然、最甜美的微笑。

学习笔记

3）对视练习法

找一位伙伴一起练习，调整好心境，放松面部表情，从眉、眼开始，嘴角上扬，露出自然的微笑，此时可以拿一张纸遮住两人眼睛以下部位，以保证微笑时眼睛也在微笑。

5. 微笑的禁忌

1）假笑

假笑，即笑得虚假、皮笑肉不笑。它有悖于真诚微笑原则，是毫无价值可言的。

2）冷笑

冷笑，是含有怒意、讽刺、不满、无可奈何、不屑、不以为然等意味的笑。这种笑，非常容易使人产生敌意。

3）怪笑

怪笑，即笑得怪里怪气，令人心里发麻。它多含有恐吓、嘲讽之意，令人十分反感。

4）媚笑

媚笑，即有意讨好别人的笑。它并非发自内心，带有一定的功利性目的。

5）怯笑

怯笑，即害羞或怯场的笑。例如，笑的时候，以手掌遮掩口部，不敢与他人视线交流，甚至还会面红耳赤、语无伦次。

6）窃笑

窃笑，即偷偷地笑，多表示洋洋自得、幸灾乐祸或看他人的笑话。

7）狞笑

狞笑，即笑时面容凶恶，多用于表示愤怒、惊恐、吓唬他人。此种笑容无丝毫的美感可言。

4.2.2 眼神

当旅客讲话时，我们要注视对方的眼睛，以表达自己的认真聆听和关注。

■ 学习笔记 ■

37

■ 学习笔记 ■

1. 服务人员的眼神注视

1）注视的时间

在与人相处的过程中，注视对方的时间占全部时间的 1/3 左右，表示友好；不足 1/3，表示轻视；占到 2/3 左右，表示重视；超过了 2/3，则表示兴趣十足或怀有敌意。

2）注视的角度

① 平视　如图 4-3 所示，表示客观和理智，适用于与身份、地位相当之人进行平等交往。

② 仰视　如图 4-4 所示，表示尊重、敬畏、服从和任人摆布。

③ 俯视　如图 4-5 所示，表示权威、优越感、轻慢、歧视。但当身体前倾、目光向下时，可表示长辈对晚辈的宽容、怜爱。

图4-3　平视　　　　　图4-4　仰视　　　　　图4-5　俯视

3）注视的区域

一个良好的服务人员形象，目光应是坦然、亲切、和蔼、有神的。谈话时注视对方双眼，表示聚精会神、专心致志。不同场合，注视区域也不同，注视一般分为公务凝视、社交凝视、亲密凝视。

① 公务凝视　在洽谈、磋商、谈判等严肃场合，目光要给人一种严肃、认真的感觉。注视的位置为对方双眼或双眼与额头之间的区域。目光应投放在对方"以两眼为底线以额头上部中心点为顶点"所形成的"正三角区"，形成视线向上、严肃、认真的气氛。

② 社交凝视　目光停留在客人的眼睛到唇部中心点所形成的"倒三角区"，以柔视为宜，表示"目中有人"。目光应投放在对方"以两眼为底线、以唇部中心点为顶点"所形成的"倒三角区"，视线平视，营造出平等、轻松的良好社交气氛。社交凝视是我们在各种社交场合普

遍使用的注视方式。

③ **亲密凝视**　这是亲人之间、恋人之间、家庭成员之间使用的注视方式。注视区域为对方双眼到胸之间的区域。

4）**注视的方式**

① **正视**　两眼平视，无论在倾听或交谈时，都应注视对方两眼与嘴、鼻形成的"倒三角区"，以示尊重，并用礼貌语言欢迎。

② **直视**　直接注视对方，表示认真、尊重、坦诚。

③ **凝视**　全神贯注地注视，表示专注、恭敬。

④ **平视**　客人走近时，宜采用平视目光。

⑤ **环视**　与多人交往时，有节奏地注视不同的人或物，表示"一视同仁"，客人多或者从不同方向来时，则采用环视目光，以照顾到每一位客人的存在。如集会场合，演讲之前，要用目光环视全场，表示"请注意，我要开讲了"。

⑥ **仰视**　在聆听客人需求时，应采用仰视目光。

⑦ **盯视**　长时间目不转睛地注视对方某处，表示出神或挑衅。在与人交流时，注视时间不得超过 5 s，否则会引起对方尴尬或猜测。总之，要把握注视时间。

⑧ **虚视**　目光不聚焦于某处，眼神焕散，表示胆怯、疑虑或失意。

⑨ **扫视**　上、下、左、右反复打量，表示好奇、吃惊。

⑩ **睨视**　斜着眼睛注视，表示怀疑和轻视。

⑪ **避视**　与人交往时眼望他处，表示胆怯、害羞、心虚、反感、心不在焉。

⑫ **无视**　闭上眼睛不看对方，表示疲惫、反感、没有兴趣。

5）**眼神交流中的禁忌**

① **忌责怪的目光**　这种目光容易使人产生逆反心理，造成人内心的抵抗，割裂人际交往的友谊，使两者矛盾激化，不利于人际关系健康发展。

② **忌漠视的目光**　只顾做自己的事，不看对方，是怠慢、冷淡、心不在焉的流露。

③ **忌呆板的目光**　眼睛转动稍快，表示有活力，但如果眼睛转动太快则表示不真诚，给人不庄重的印象。同时，眼睛也不能转得太慢，否则让人觉得缺乏活力。

■ **学习笔记** ■

2. 读懂对方眼神

在正确把握目光交流的同时，还要学会读懂对方的目光语言，了解其内心活动。如果目光与表情和谐统一，表示专注、谈兴正浓。如果目光游离不定，表示不感兴趣；而目光斜视表示鄙夷，目光呆视表示惊讶。在交谈中，长时间凝视对方的双眼是最不正确的做法，因为这样做会使对方感到很不舒服，并且感觉受到挑衅。

正确的做法是，首先看着对方的眼睛，随后把视线缓慢移到对方的嘴部，过一段时间后再返回到眼部。这样会使对方有机会对你所说的话做出适当的反应，点头、微笑等带有好感的表情就会自然而然地表露出来，并且也会让对方觉得与你交谈很惬意。

注意： 交谈时不可将目光转向地面或天花板，也不可将视线停在对方身体上的任何一个部位，这些都是不礼貌的表现。

操作练习与思考、探索

1. 操作练习

两人一组，互相监视对方进行微笑眼神练习，直到微笑眼神完全合格。

2. 思考题

（1）服务人员的微笑八大原则是什么？

（2）眼神注视的区域有几种？分别适用什么场合？

（3）服务人员的目光注视应该怎么做？

3. 讨论与探索

存在的问题	解决的方法

4.3　站　　姿

　　站姿是人站立的姿势，同时也是身体其他动作的基础和起点。一个人的站姿，是衡量一个人外表乃至精神面貌的重要标准。从一个人的站姿，可以看出他的精神状态、品质、修养及健康状况。

4.3.1　站姿的基本要求

　　站姿的基本要求是：头正肩平，目视前方，面带微笑，收腹挺胸，立腰提臀，双臂自然垂放于身体两侧，收紧大腿肌肉，两腿尽量靠拢，给人一种挺拔向上的感觉，如图 4-6 所示。

　　标准站姿的具体要求如下：

　　① 头部　抬头目视前方，下巴微微内收，使头部垂直于地面，不要前伸或仰头。

　　② 脖子　脖子伸直向上，与身体成一条直线，不要前伸。

　　③ 肩膀　双肩放松，打开向下，两肩平衡，不要耸肩。

　　④ 双臂　两臂自然垂放于身体两侧，掌心朝向大腿，指尖向下，五指并拢。

　　⑤ 后背　脊背直立，不要驼背。

　　⑥ 前胸　像有一根线上牵的感觉，不要过度挺出。

　　⑦ 腹部　小腹内收，不屏息，使胯与大腿成一条直线，胃部也内收。

　　⑧ 腰部　腰部挺直向上，不过度前挺。

　　⑨ 臀部　收紧臀部肌肉。

　　⑩ 腿部　双腿尽量并拢，膝盖并拢。

　　⑪ 脚部　双脚并拢，重心放在两脚掌上。

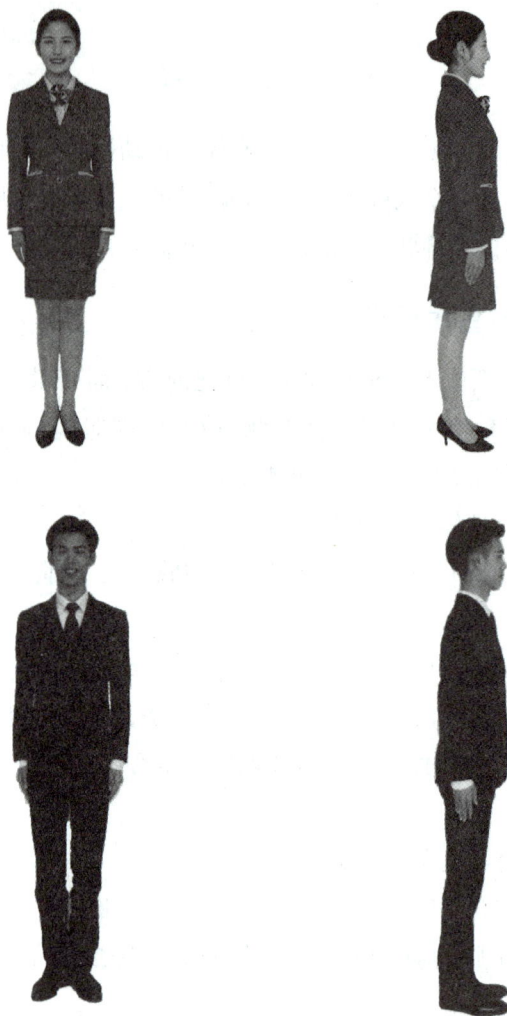

图4-6　标准站姿

2. 站姿练习

挺拔的站姿需要我们常练习，通过长时间练习，肌肉的记忆中可以存储正确的站立姿势。

在练习站姿的时候，可以采用贴墙站的方法：找到一面干净的墙，将整个身体背面贴在墙上，注意找到11个点：后脑勺，两侧肩胛骨，两侧臀部，两个小腿肚，两个脚跟，两个手掌心，使它们完全贴在墙壁上。贴墙站好后，可以用手掌从腰后穿过，如果刚好可以穿过，就是非常正确的站姿。

客运服务人员的站姿是指我们在与旅客的交往活动中的站立姿势。

良好的站姿能给人留下端正、自然、亲切、稳重大方的服务形象。

4.3.2　女士站姿

1. 服务站姿

自然挺拔站立，两脚跟相靠，脚尖展开 45°~60°，身体重心主要支撑于前脚掌。两肩放松下沉，脖颈挺直，头向上顶，下颌微收，四指并拢，双手虎口相交，叠放于身前（小腹的位置），右手在上，左手在下。手掌尽量舒展成自然的鱼尾状，手指伸直但不要外翘，如图 4-7 所示。这种站姿可以体现服务人员稳重大方的专业素养。

■ **学习笔记** ■

图4-7　女士服务站姿

2. 礼宾站姿

自然挺拔站立，双臂自然下垂，双手四指并拢，虎口相交，右手在上，左手在下，大拇指内收，顶到肚脐处，手掌尽量舒展成自然的鱼尾状，手指伸直但不要外翘，如图 4-8 所示。这种站姿既可以展现女士的优美，又能凸显职业特点。

3. 交流站姿

自然挺拔站立，双手四指并拢，左手握住右手大拇指，右手四指并拢，呈自然弯曲状轻叠于左手四指上，掌心向下，两小臂轻放在腰际，

肘关节内收靠向腰间，如图 4-9 所示。这种站姿适用于服务人员与旅客交流，显得轻松自然，富有亲和力。

图4-8 女士礼宾站姿　　　图4-9 女士交流站姿

4.脚位要领

女士站立姿势中，脚位也有几种变化，一种是"V"形步，另一种是"丁"字步。

1）"V"形步

脚跟并拢，脚尖分开，夹角为 45°，两腿膝盖尽量靠拢，如图 4-10 所示。

图4-10 "V"形步

2）"丁"字步

① 左脚前置丁字步　在"V"形步基础上，调整右脚向后，使左脚的脚跟抵放在右脚的脚窝处，调整左脚脚尖朝向正前方，两脚之间的夹角为 45°，重心放在前脚掌，如图 4-11 所示。

② **右脚前置"丁"字步** 在"V"形步基础上，调整左脚向后，使右脚的脚跟抵放在左脚的脚窝处，调整右脚脚尖朝向正前方，两脚之间的夹角为45°，重心放在前脚掌，如图4-12所示。

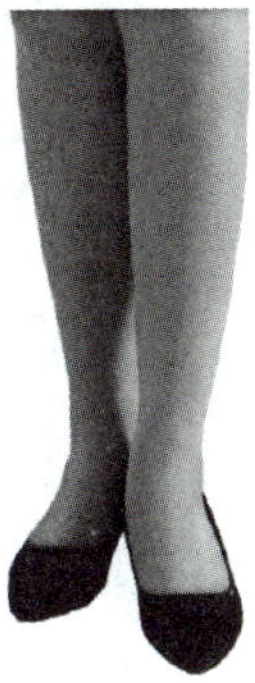

图4-11 左脚前置"丁"字步  图4-12 右脚前置"丁"字步

"丁"字步站立时，这两种脚位都可使用，当集体亮相时，为保证队形整齐、美观，可统一使用左脚前置"丁"字步或右脚前置"丁"字步。

女士站姿中的脚位变化，可根据所处环境的变化而调整。在重大活动或仪式感强的场所，一般使用"丁"字步站立，可以显得女士腿部线条优美，挺拔优雅。而在一般服务场合，我们更多使用"V"形步站立，这样给人自然规范的服务体验。

4.3.3　男士站姿

1. 服务站姿

自然挺拔站立，两脚跟相靠，脚尖展开45°~60°，身体重心主要支撑于前脚掌。两肩放松下沉，脖颈挺直，头向上顶，下颌微收，双臂放松，自然垂放于身体两侧，五指并拢，中指贴近裤缝，如图4-13所示。

这种站立姿势也叫"肃立站"，在庄重、严肃的场合可体现正式、稳重感，如在升旗仪式上或在领奖时。在旅客服务中，这种站姿预示着随时为旅客服务。

2. 交流站姿

双脚在服务站姿的基础上平行打开，不超过肩宽，相距20 cm为宜，一只手握住另一只手的手腕靠近手掌处，另一只手轻握空拳，面带微笑，目光注视对方，如图4-14所示。这种站姿一般用在与旅客交流的时候。

图4-13 男士服务站姿 图4-14 男士交流站姿

3. 礼宾站姿

双脚在服务站姿的基础上平行打开，不超过肩宽，以 20 cm 为宜，双手在背后腰际相握，左手握住右手手腕靠近手掌的位置，如图 4-15、图 4-16 所示。

图4-15 男士礼宾站姿（正面） 图4-16 男士礼宾站姿（背面）

4. 脚位要领

男士在站立时，也需要根据不同场合来采用不同的脚位。

1）"V"形步

两脚跟靠拢，脚尖分开45°～60°，如图4-17所示。

2）平行步

两脚分开，比肩略窄，以20 cm为宜，重心在两脚间，如图4-18所示。

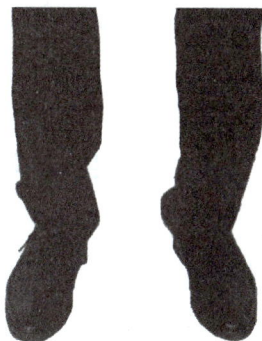

图4-17　"V"形步　　　　　　图4-18　平行步

4.3.4　不得体的站姿

好的站姿，可以让身体各个关节得到均匀的受力，从而不会让某些特定的关节承担大部分的体重。但不良的站姿则会影响体内的血液循环，可能会压迫内脏，导致消化不良。不管在形体上，还是在外貌上，不良的站姿都会对人体产生消极的影响。下面介绍几种常见的不良站姿。

1. 弯腰驼背

站立时，如果弯腰驼背，除了其腰部弯曲、背部弓起之外，通常还会伴有颈部弯缩、胸部凹陷、腹部凸出、臀部撅起等一系列其他的不良体态，让整个人显得缺乏锻炼、无精打采，甚至健康不佳。

2. 随意倚靠

站立时，不要萎靡不振地依靠在桌子、墙边、柱子上。站立时，身体要靠自身力量支撑，重心落在双脚上。随意依靠、不稳当的站立，会让整个人看上去无精打采，毫无专业素养。

3. 手位不当

站立时，必须以正确的手位去配合站姿。若手位不当，则会破坏站姿的整体效果。站立时手位不当主要表现在：一是双手抱在脑后；二是用手托着下巴；三是双手抱在胸前；四是把肘部支在某处；五是双手叉腰；六是将手插在衣服或裤子口袋里。

4. 双脚位置不当

站立时，男士永远不要将两腿扭成麻花状。男士需要尽显阳刚之气，挺拔地站立。女士任何时候都不要将两腿分开，这样做会显得大大咧咧、粗鲁、没教养。任何时候，双腿和双脚都不要随意抖动，这会给人一种无所谓、漫不经心的感觉。

操作练习与思考、探索

1. 操作练习

男女各分成两组，进行站姿练习，直到熟练掌握站姿要领。

2. 思考题

（1）站姿练习中我们需要找到哪几个点来保证身体直立在一条直线上？

（2）女士的三种站姿分别是什么？

（3）男士在平行步站姿时需要注意什么？

（4）你知道的不良站姿还有哪些？

3. 讨论与探索

存在的问题	解决的方法

4.4　行　　姿

行姿是站姿的延续，是人在走路时呈现的一种动态。一个人走路的姿态，也同样能体现出他的精神面貌。一般来说，男士步态以大步为佳，女士步态以缓步为佳。

4.4.1　行姿的基本要求

走路时，目视前方，头正颈直，收腹挺胸，两臂自然下垂，前后摆

动，前摆向里 35°，以不超过上衣扣子中线为宜；后摆向后约 15°，大臂前后摆动，切忌小臂单独摆动。要保持平稳，双手要和谐摆动，迈左脚右臂向前，迈右脚左臂向前。脚尖微向外或向正前方伸出，跨步均匀，两脚之间相距一脚到一只半脚的距离，步伐稳健，有节奏感。行走时，身体略向前倾，重心落在行进于前边的脚掌，由大腿带动小腿向前迈，脚跟先接触地。

4.4.2　女士行姿

女士走柳叶步，双脚内侧尽量在一条直线上，如图 4-19 所示。柳叶步的基本要求如下：

① **重心**　在前脚上；

② **步幅**　25 cm 左右，约一脚长；

③ **步速**　平稳，均匀；

④ **步高**　距地面 2~3 cm。

图4-19　柳叶步

4.4.3　男士行姿

男士走平行步，两脚内侧距离以一只脚宽为宜，如图 4-20 所示。平行步的基本要求如下：

① **重心**　在前脚上；

② **步幅**　35 cm 左右；

③ **步速** 平稳，均匀；

④ **步高** 距地面 3~4 cm。

图4-20 平行步

4.4.4 行走时的禁忌

① 行走时，上身保持标准站姿，动作幅度要小，不得在行走时出现明显的"内八字""外八字"。

② 多人同行时，不要走成一横排，以免影响他人通行；超出三人同行时，应分成两排走；随时注意路况，主动为他人让路，不要横冲直撞。

③ 在走廊中行走时，一般不要随便超过前行的客人，如果有急事需要超过，首先应说"对不起"，等客人让开时说声"谢谢"再超过。

④ 行走时不吹口哨，不跺脚，不可把手插进衣服口袋里，尤其不要双手插在裤子口袋里。

⑤ 行走时，不要无精打采、身体松垮，不要摆手过快、摆手幅度过大或过小。如果不是寻找失物，不要在行进中左顾右盼、东张西望。路过居民住房时，不可东张西望，窥视私宅。

⑥ 行走时，不要吃食物，不要在路上久驻攀谈或围观看热闹，更不要成群结队地在街上喧哗、打闹。

⑦ 遵守行走规则，步行要走人行道，行人靠右，并且让出盲道。过马路时，宁停三分，不抢一秒。走人行横道、过街天桥或地下通道时，

切忌图快捷而翻越绿化带、隔离栏。

4.4.5　社交场合中常用的行姿

① 两人并行的时候，右者为尊；两人前后行的时候，前者为尊；三人并行，中者为尊，右边次之，左边更次之；三人前后行的时候，前者最为尊贵。男女同行的时候，男士应该主动走在靠近街心的一边，让女士靠自己的右侧行走。如果道路狭窄，又有他人迎面走来，则应该退至道边，请对方先走。

② 给客人作向导时，应走在客人的左前方约 1 m 的位置；本人的行进速度应该与客人协调，不能走得太快或太慢；行进中一定要处处以对方为中心，在经过拐角、楼梯等地方时要注意提醒客人。

③ 上、下楼梯时讲究次序。上楼梯时，应让尊者或女士走在前面，若女士着裙装，则可走在女士前面；下楼梯时，尊者或女士应走在一人之后。

操作练习与思考、探索

1. 操作练习

以小组为单位进行行姿练习，直到熟练掌握行姿要领。

2. 思考题

（1）走路时双臂的摆动有什么要求？

（2）女士在走路时有什么要求？

（3）男士在走路时需要注意什么？

（4）你知道的不良行姿还有哪些？

3. 讨论与探索

存在的问题	解决的方法

51

4.5 坐 姿

坐姿指的是人坐着时的姿态。稳重的坐姿，是服务人员展现良好精神面貌的重要内容之一，无论是在工作中，还是参加会议、与人交谈或伏案学习，都需要有一个大方、端正的坐姿。从入座到离座，都要注意姿态优美。

4.5.1 入座礼仪

① 入座时，讲究左入左出。需要移动椅子时，应先将椅子轻轻移动至合适位置，再落座。

② 落座时，从容自如，面容自然，腰背挺直，坐椅子的 2/3 为宜，落座后尽量保持后背不依靠椅背。女士着裙装时，需在落座时用手背轻拂裙装后摆，避免坐下后裙子褶皱，影响美观。

③ 离座时，讲究自然稳当，动作要轻。

4.5.2 女士坐姿

1. 正坐式

正坐时需要注意三个直角（上半身与大腿成直角，大腿与小腿成直角，小腿与地面成直角）、三个靠拢（双腿并拢，膝盖靠拢，脚跟、脚尖并拢）。双手虎口相对，右手在上、左手在下叠放在裙边，以防走光。腰背挺直，抬头挺胸，面带微笑，如图 4-21 所示。

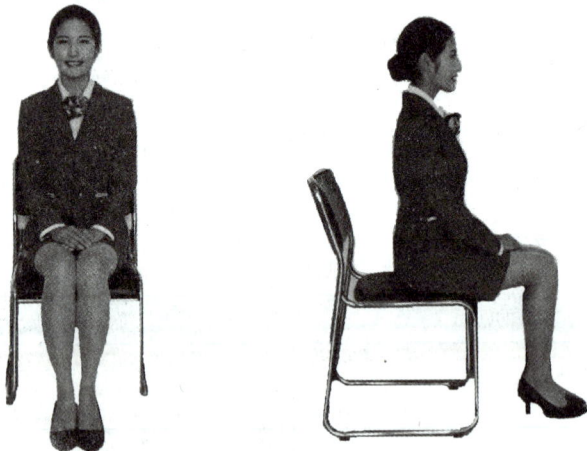

图4-21 正坐式

2. 双腿斜放式

坐椅子的 2/3 为宜，腰背挺直，双腿并拢，膝盖靠拢，脚跟、脚尖并拢。根据双脚斜放位置的不同，双腿斜放式分以下两种：

① 双脚斜放于身体左侧（从正坐式向左移动一只脚的距离），双手叠放于裙边上，如图 4-22 所示。

② 双脚斜放于身体右侧（从正坐式向右移动一只脚的距离），双手叠放于裙边上，如图 4-23 所示。

■ 学习笔记 ■

图4-22　双脚斜放于身体左侧　　　图4-23　双脚斜放于身体右侧

3. 双腿交叠式

坐椅子的 2/3 为宜，腰背挺直，膝盖靠拢，双脚在脚踝处交叠，后脚腕紧贴前脚踝，脚尖朝下。根据双脚放置位置的不同，分为以下两种：

① 双脚交叠，放于身体左侧（从正坐式向左移动一只脚的距离），双手叠放于裙边上，如图 4-24 所示。

② 双脚交叠，放于身体右侧（从正坐式向右移动一只脚的距离），双手叠放于左腿上，如图 4-25 所示。

图4-24　双脚交叠放于身体左侧　　　图4-25　双脚交叠放于身体右侧

4. 前伸后屈式

坐椅子的 2/3 为宜，腰背挺直，膝盖靠拢，双手叠放于裙边；左脚前伸约半只脚的距离，右脚后屈，如图 4-26 所示。或右脚前伸约半只脚的距离，左脚后屈。

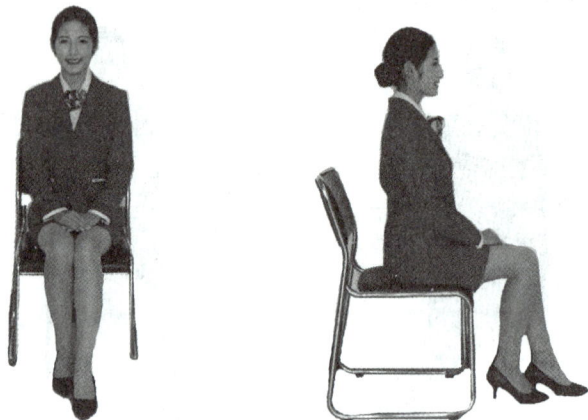

图4-26　前伸后屈式

4.5.3　男士坐姿

男士通常采用正坐式。正坐时需要注意三个直角（上半身与大腿成直角，大腿与小腿成直角，小腿与地面成直角），双腿自然打开，小于肩宽，脚尖不内扣、不外扩，如图 4-27 所示。双手自然放置于两腿上，指尖距离膝盖约一拳，如图 4-28 所示。挺胸抬头，腰背挺直，面带微笑，如图 4-29 所示。

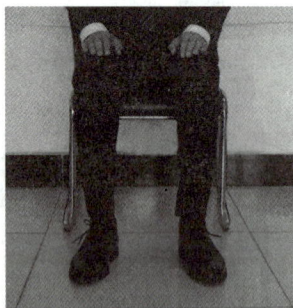

图4-27　正确脚尖位置

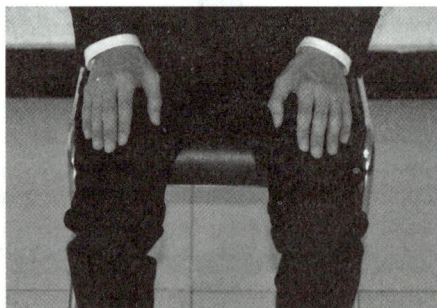

图4-28　正确双手位置

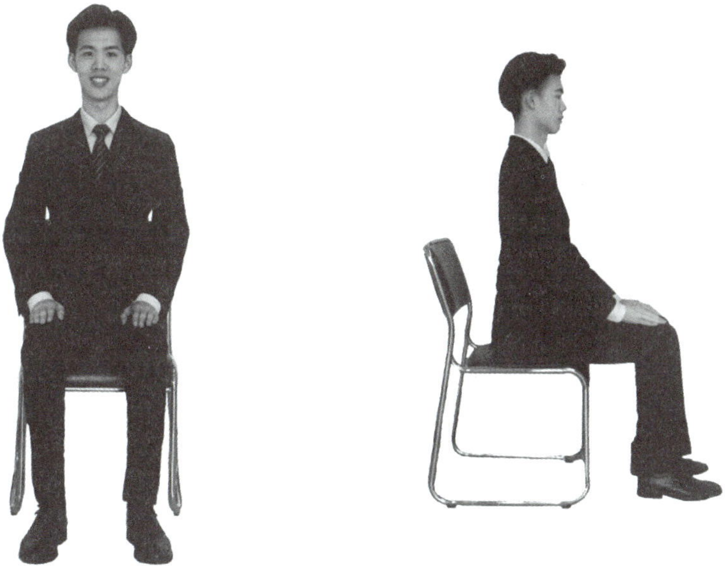

图4-29　正坐式

4.5.4　不雅坐姿

①把脚藏在座椅下或钩住椅腿，显得不够大方。

②双腿分开，伸得老远，阻碍面前的人行走，很不雅观。

③将一只脚的脚腕架在另一条腿上，并用双手扣腿，晃脚尖，让人觉得傲慢无礼、目中无人。

④突然坐下或突然起身，使得座椅乱响。

⑤上体不直，左右晃动，显得没教养。

操作练习与思考、探索

1. 操作练习

以小组为单位进行坐姿练习，直到熟练掌握坐姿要领。

2. 思考题

（1）入座时有哪些要求？

（2）女士坐姿中应注意哪些细节？

（3）男士坐姿中双手和双脚怎么放置？

（4）你知道的不良坐姿还有哪些？

3. 讨论与探索

存在的问题	解决的方法

■ 学习笔记 ■

4.6 蹲 姿

蹲姿是人们在日常生活中常会出现的姿态，是人在下蹲时处于静态的一种特殊体位。比如，在与坐着的旅客交流时，或与小朋友沟通时，或系鞋带和捡拾物品时，都需要下蹲。蹲姿在一些西方国家被认为是不雅观的，我们也只是在非常有必要的时候才蹲下来做事情。蹲下时，尽量不要正面朝向对方，一定要保持姿态美观大方。

4.6.1 女士蹲姿

1. 高低式蹲姿

两腿一前一后，左、右腿在前均可。下面以左腿在前为例进行说明。

左腿小腿垂直于地面，脚掌完全着地，右腿膝盖内侧靠于左腿小腿内侧；右脚脚掌着地，脚跟抬起；臀部向下，上半身挺直；双手叠放在裙边，左手手腕置放于左腿膝盖上方，如图4-30所示。

图4-30　高低式蹲姿

2. 交叉式蹲姿

两腿交叉，左、右腿在上均可。下面以右腿在上为例进行说明。

右腿向左前方迈出一小步，使两腿交叠，左腿膝盖在右腿腿窝下方交叠；左脚掌撑地，右脚完全着地；右腿小腿垂直于地面，两腿尽量靠近，身体微微前倾，两脚合力支撑身体；双手叠放于裙边；上半身挺直，面带微笑，如图 4-31 所示。

图4-31　交叉式蹲姿

3. 点地式蹲姿

在高低式蹲姿基础上，将下方那条腿的膝盖轻触地面，形成一个支撑点，用于长时间蹲姿，如图 4-32 所示。

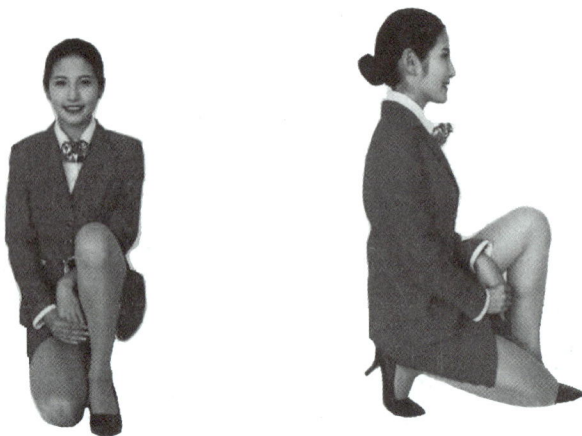

图4-32　点地式蹲姿

4. 捡拾物品

如需捡拾地上物品，可以先走到物品的左边，右脚后撤半步后蹲下来，如图 4-33 所示。如果物品在身体的左侧，则可以退左脚向后半步，再蹲下来。

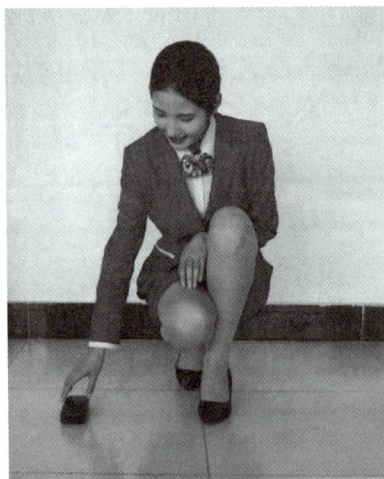

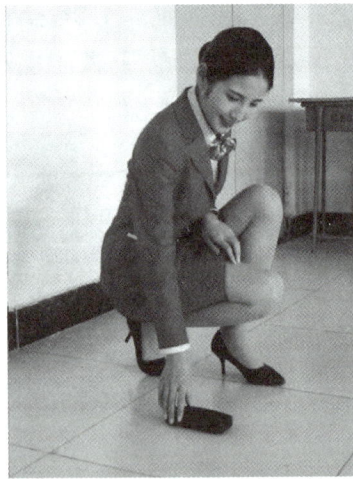

图4-33　捡拾物品

4.6.2　男士蹲姿

1. 高低式蹲姿

两腿一前一后，左、右腿在前均可。下面以左腿在前为例进行说明。

左腿小腿垂直于地面，脚掌着地，右腿膝盖低于左侧，双腿自然分开；右脚掌支撑身体，右脚脚跟抬起；臀部向下，上半身挺直，如图 4-34 所示。

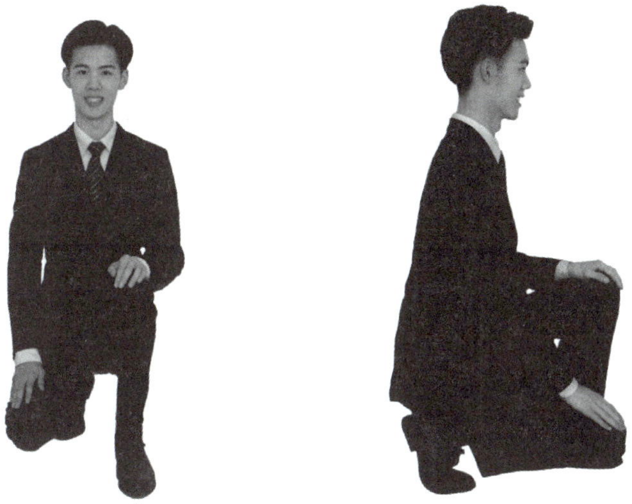

图4-34　高低式蹲姿

2. 捡拾物品

捡拾物品时注意：直腰下蹲，弯腰拾物，直腰起身。捡拾物品如图 4-35 所示。

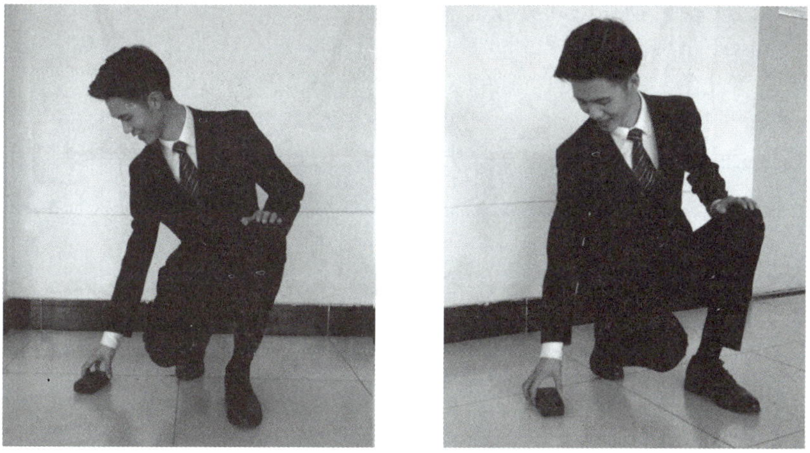

图4-35　捡拾物品

4.6.3　蹲姿需要注意的小细节

① 不要突然下蹲。蹲下来的时候，不要速度过快。当自己在行进中需要下蹲时，特别要注意这一点。

② 注意距离。在下蹲时，应和身边的人保持一定的距离。特别是和他人同时下蹲时，更不能忽略与对方的距离，以防彼此“迎头相撞”

学习笔记

或发生其他误会。

③ 注意方位是否妥当。当在他人身边下蹲时，最好是和他人侧身向前的方向一致。正面面对他人，或者背部面对他人下蹲，通常都是不礼貌的。

④ 防走光。在大众面前，尤其是身着裙装的女士，一定要避免走光，如上衣领口位置、裙口位置，特别是要防止大腿叉开。

⑤ 忌双腿平行蹲姿。在公众场合一定要避免双腿平行的"洗手间蹲姿"。

■ 学习笔记 ■

操作练习与思考、探索

1. 操作练习

分小组进行蹲姿练习，直到熟练掌握蹲姿要领。

2. 思考题

（1）什么时候需要下蹲？

（2）捡拾物品的蹲姿仪态要领是什么？

（3）我们应该避免哪些不雅蹲姿？

3. 讨论与探索

存在的问题	解决的方法

4.7　服务手势

4.7.1　手语的含义

现代体态语言学的研究表明，手势蕴含着许多真实含义。我们只有解读其含义，才能更好地决定自己如何去施礼或受礼。常见手势的含义如下：

① 如果对方双手自然摊开，表明对方心情轻松，坦诚而无顾忌；

② 如果对方紧攥双拳，说明对方怒不可遏，或准备"决战到底"；

③ 如果对方以手支头，表明对方要么对你的话全神贯注，要么十分厌烦；

④ 如果对方迅速用手捂在嘴前，显然他是觉得吃惊；

⑤ 对方用手成"八"字形托住下颏，是沉思与深算的表现；

⑥ 对方用手挠后脑、抓耳垂，表明对方有些羞涩或不知所措；

⑦ 对方的手无目的地乱动，说明对方很紧张，情绪难控；

⑧ 如果对方不自觉地摸嘴巴、擦眼睛，表明对方十有八九没说实话；

⑨ 对方双手相搓，如果不是天冷，就是在表达一种期待；

⑩ 对方咬手指或指甲，如果他不是幼儿，那么他在心理上也一定很不成熟，涉世不深；

⑪ 双手指尖相对，支于胸前或下巴，是自信的表现；

⑫ 对方与你说话时，双手插于口袋，则显示没把你放在眼里或不信任你。

4.7.2 常用服务手势

人的姿态可谓千变万化，每个手势都可以传递出许多信息。作为服务人员，能正确地运用手势，也是非常重要的技能。在工作和生活中，手势不宜过多、过大，更不要"指手画脚""手舞足蹈"。常用服务手势有举手致意、指引手势、介绍手势、持物、递物、握手、鼓掌、挥手告别等。

1. 举手致意

当我们在会场、剧院等不宜与人交谈的地方路遇熟人，或在同一场合碰上已多次见面的人，或碰上很多人又无法一一问候之时，我们通常会举手致意。有时看见相熟的同事、朋友，而自己正在忙碌，无暇分身相迎，也常会举手致意。

这个手势最适合向距离较远的熟人打招呼。距离不太远时，举手致意时可以有问候语；距离较远时，仅以手势表示问候即可。举手致意如图 4-36 所示。

图4-36 举手致意

举手致意的正确做法是：

① 全身直立，面带微笑，目视对方，略略点头；

② 右手臂轻缓地由下而上向侧上方伸出，手臂可全部伸直，也可稍有弯曲；

③ 致意时五指微微并拢，男士大拇指可以张开，掌心向外对着对方，指尖朝上方；

④ 手臂不要向左、右两侧来回摆动。

2. 指引手势

当我们需要为对方指示方向，或在请对方落座时常用指引手势。做指引手势时，一定要指向实物。

1）指引手势要求

① 身体微微前倾。

② 五指并拢，手掌伸平，斜向上，与地面成45°夹角。

③ 小臂与手掌一条线。

④ 小臂下沿与手掌底部一条线。

⑤ 视线顺序依次是：客人的眼睛、指示物或方向，然后回到客人的眼睛。

指引手势如图4-37所示。

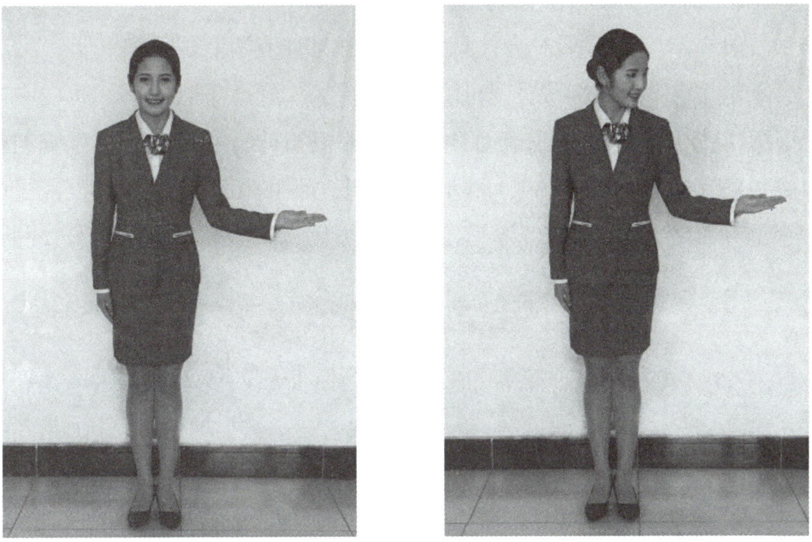

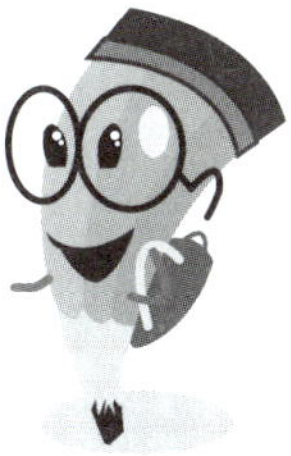

图4-37 指引手势

学习笔记

2）指引手势分类

（1）中位手势

一般在指示方向时使用中位手势。

手势要领：五指并拢，手掌伸直，由身体一侧向体前自下而上抬起，以肩关节为轴，到腰的高度再向身前左方摆去，肘关节距身体 15 cm 左右，目视来宾，面带微笑。中位手势如图 4-38 所示。

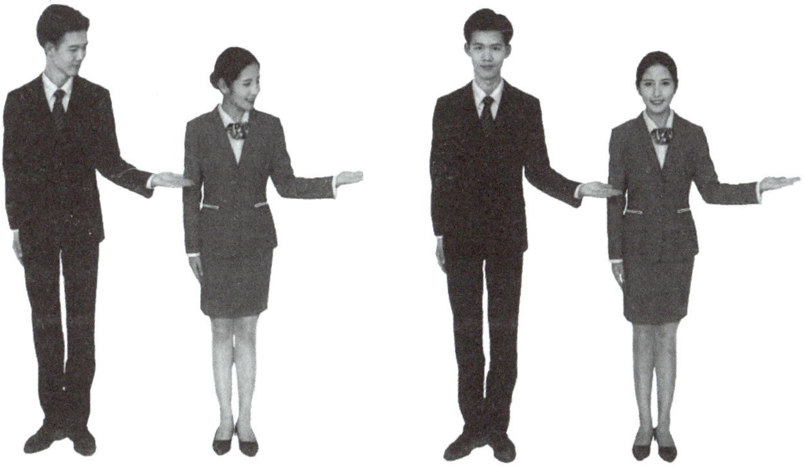

图4-38 中位手势

（2）低位手势（以右侧为例）

一般在请坐或提醒对方注意地面等情况时使用低位手势。

手势要领：将右手先从身体的一侧抬起，到高于腰部后，再向右侧下摆去，指尖指向椅子或地面具体位置，五指伸直并拢，手、手腕与小臂成一条直线，如图4-39、图4-40所示。

图4-39　低位手势"请注意"

图4-40　低位手势"请坐"

（3）高位手势

一般在指示客舱行李架或楼梯等高于头部的地方时使用高位手势。

手势要领：五指并拢，手掌伸直，由身体一侧向体前自下而上抬起，手掌斜向上，指向上方的具体位置，如图4-41、图4-42所示。

图4-41　高位手势"指引方向"

图4-42　高位手势

3）引领礼仪

引领时，须注意以下几点。

① 保持一致性，在两人以上引领时，可以用眼睛的余光去找齐（切不可左顾右盼），在突发状况下要学会灵活处理。

② 引领宾客时，须注意行走的速度，在宾客的侧前方 2～3 步，随着宾客的步伐而保持适当的行走速度（不可离得太远，也不可离得太近）。

③ 在只有几步远的情况下，指引手势须一直保持。如果距离远，可以在最开始的时候以指引手势示意；行走的时候，就可以正常行走（转弯处须用手势告知）；到位后，须再次示意；在引领就座时，手位要放低。

④ 在引领过程中，女性的标准礼仪是手臂内收，然后手指尖倾斜上推，示意"请往里面走"，显得很优美；男性服务员要体现出绅士风度，手势要尽量大方一些，手向外推。

⑤ 如果接待的客人为老人或特殊人群，可搀扶或帮助客人拿东西，但一定要先得到客人的允许。

⑥ 当位置和场所有所改变时，须以手势事先告知；在门前引领时，如果是内推门，自己先进，进门后手扶门请宾客进入；如果是外拉门，则手拉住房门，请宾客先进，自己后进。

⑦ 楼梯引领礼仪：站在客人的左前方引领，一定要注意及时开门。

⑧ 乘手扶电梯时，让客人先上，引领者再上，站在客人的下边。一方面客人在高处，表明客人在我们心目中的地位；另一方面，我们站在客人的下面，可以起到安全保护的作用。在下电梯的时候正好相反，引领者应该站在客人的前面，同样把高贵、安全的位置留给客人。

注意： 在手扶电梯上，我们应靠右站成一列。

⑨ 乘直梯时，引领者提前进入，按住按钮，以免电梯门碰到客人；走出电梯时，引领者同样按住按钮，请客人先出，引领者再出。

3. 介绍手势

（1）介绍他人的基本手势

当我们向他人介绍另一位客人时，手心朝上，手背朝向地面，五指并拢，男士大拇指可微微张开，手掌基本上抬至肩的高度，并指向被介绍的一方，面带微笑，注视介绍方。

注意： 在正式场合，不可以用手指点或拍打被介绍一方的肩和背。

（2）介绍他人的礼仪规则

在为他人做介绍时，先介绍谁，后介绍谁，一定要遵循礼仪规范，也就是必须遵守"尊者优先了解情况"的规则。意思就是，在为他人做介绍时，先要确定双方地位的尊卑，然后先介绍位卑者，后介绍位尊者。这样做，可以使位尊者优先了解位卑者的情况，以便见机行事，在交际应酬中掌握主动权，即确保位尊之人拥有"优先知情权"。

根据这些规则，为他人做介绍的顺序大致有如下几种情况：

① 介绍年长者与年幼者认识时，应先介绍年幼者，后介绍年长者；

② 介绍长辈与晚辈认识时，应先介绍晚辈，后介绍长辈；

③ 介绍老师与学生认识时，应先介绍学生，后介绍老师；

④介绍女士与男士认识时，应先介绍男士，后介绍女士，如图4-43、图4-44所示；

⑤介绍已婚者与未婚者认识时，应先介绍未婚者，后介绍已婚者。

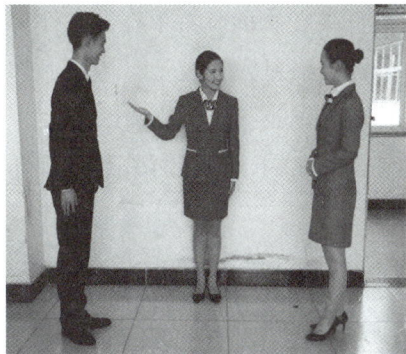

图4-43　介绍他人礼仪"先介绍男士"　　图4-44　介绍他人礼仪"后介绍女士"

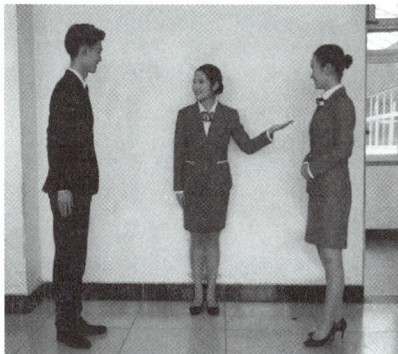

4. 持物

1）持物基本要求

在手持某种物品时，要做到稳妥、到位、卫生、自然，具体要求如下。

（1）稳妥

手持物品时，可根据其重量、形状及易碎程度，采取不同的手势。既可以使用双手，也可以只用一只手，但最重要的一点是确保物品的安全，尽量轻拿轻放，同时也要防止伤人、伤己。

（2）到位

有不少物品，在需要手持时，应当将手置于一定的位置，这就是持物到位的含义。如展示物品或手拿文件时，注意不要遮挡住其LOGO等。

（3）卫生

持物之时，还要注意卫生问题。为人取拿食品时，不能直接用手。敬茶、斟酒、送汤、上菜时，千万不要把手指搭在杯、碗、碟、盘边沿，更不能使手指浸泡在其中。

（4）自然

手持物品时，可依据本人的能力与实际需要，酌情以拿、捏、提、抓、扛、夹等不同的姿势。不过一定要避免在持物时手势夸张，失去自然美。例如，女士不要翘起兰花指。

2）手持文件的具体要求

① **单手持拿文件**　用左手握住文件夹右缘，小指在中部的位置，

放在前臂内侧，左手手臂靠近腰部，右手自然下垂。

② **双手持拿文件** 用左手握住文件夹右缘，小指在中部的位置，放在前臂内侧，右手握住文件夹的下角，右侧肘关节自然收拢。

③ **持拿文件做记录** 左前臂托住文件夹在胸前，右手打开文件夹并开始记录，注意保持上身直立，头略低下，目光注视记录内容，如图4-45所示。

④ **手持文件行走** 左手握住文件夹右缘上端，夹在肘关节与腰部之间；文件夹前缘略微上翘，右手自然下垂。

3）展示物品的具体要求

展示物品主要出现在会场或卖场等场合，如在火车、飞机上介绍待售商品。展示物品时，需要从观看标准、操作标准和手位标准三个方面加以注意，如图4-46所示。

图4-45 持拿文件做记录 　　　图4-46 展示物品

（1）观看标准

展示物品时，一定要方便现场的观众对其进行观看。因此，要将被展示之物正面朝向观众，举至一定的高度，当四周皆有观众时，展示物品还须变换不同角度。

（2）操作标准

在展示物品时，如果需要动手操作，应符合有关标准。手法应干净利索，速度适宜，并经常进行必要的调整。

（3）手位标准

在展示物品时，一般有四种手位，其共同之处是，使物品在身体一侧展示，不宜挡住本人头部。具体而言，一是将物品举至高于双眼之处，这一手位适合在被人围观时采用；二是将物品举至双臂横伸时，自肩至肘之处，上不过眼，下不过胸，这一手位易于给人以安定感；三是将物品举至双臂横伸时肘部以外，上不过眼，下不过胸，这一手位便于他人看清展示之物；四是将物品举至胸部以下之处，这一手位显得不够大方。

（4）注意事项

① 展示物品要稳，不要摇来晃去。

② 不要将展示的物品带尖、带刃或其他易于伤人的部分对准他人。

5. 递物

① 递送文件或单据给客户时，身体微微前倾，用双手递交，具体方式是：拇指在上、四指在下，拿稳文件，用目光示意，而后面带微笑递送到对方手里。需要对方签字或着重阅读某个部分时，应使用前伸式手势指示给对方。

② 递送物品给客户时，手柄或是易于对方接拿的一端朝向对方，将方便留给客户。如果物品较为锋利或尖锐，应在递送前用语言提醒，如"剪刀比较锋利，请小心"。

③ 递送零碎物品（曲别针、大头针）给客户时，不能直接递给客户，应把散碎小物放在一张纸或可承载的物品上双手递给客户。

④ 接取客户递送的物品时，应采用走上前或前倾身体的方式表达出"主动"的意愿，然后用双手接取，如图4-47所示。

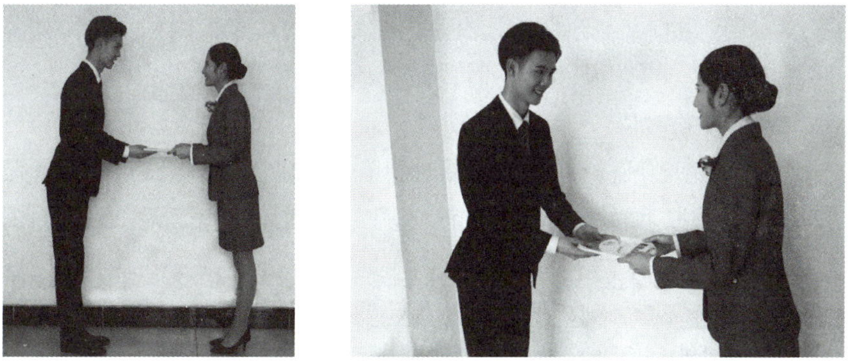

图4-47　接取物品

6. 握手

在一般的人际交往活动中，握手的机会很多。如见面时、道别时、祝贺时、感激时、鼓励时、慰问时都可能握手。

学习笔记

1）握手的标准方式

行握手礼时，双方相距 1 m 左右，双腿立正，上身略向前倾，伸出右手，四指并拢，拇指张开，右手掌与地面垂直，手的高度大致与双方腰部平齐。

握手时，适当用力，上下摇摆几次。两手相握时，双方手臂应大致形成一个直角，虎口交叉，这是标准的握手姿势（见图4-48），也叫平等式握手。握手时应注视对方，边握手边说"您好！""见到您很高兴！""欢迎您！""恭喜您！""辛苦啦！"等。

图4-48　握手的标准姿势

2）握手的力度

握手之时，为了向交往对象表示热情友好，应当稍许用力，大致握力以两斤为宜。与亲朋故友握手时，所用的力量可以稍微大一些；而在与异性及初次相识者握手时，则千万不可用力过大。

3）握手的时间

在普通情况下，与他人握手的时间不宜过短或过长。一般握上一两下即可。如果握手时两手刚刚接触就随即松开，时间过短，好似在走过场，又像是对对方怀有戒心。而与他人握手时间过久，尤其是拉住异性或初次见面者的手不放，则显得有些虚情假意，甚至会被怀疑为"占便宜"。

4）握手的次序

在握手时要遵守"尊者决定"的原则，即在握手时先确定双方身份的尊卑，由位尊者先伸手，位卑者及时做出回应，具体如下：

①年长者与年幼者握手，应由年长者先伸手；

②长辈与晚辈握手，应由长辈先伸手；

③女士与男士握手，应由女士先伸手；

④ 已婚者与未婚者握手，应由已婚者先伸手；

⑤ 主人与客人握手，迎接客人时应由主人先伸手，送别客人时应由客人先伸手；

⑥ 上级与下级握手，应由上级先伸手。

注意： 当握手双方符合其中两个或两个以上顺序时，一般以先职位再年龄、先年龄再性别的顺序握手。例如，一位年长的职位低的女士和一位年轻的职位高的男士握手时，应由这位男士先伸手。

■ **学习笔记** ■

5）握手的禁忌

① 不要用左手与他人握手，尤其是在与阿拉伯人、印度人打交道时要牢记这一点，因为在他们看来左手是不洁的。

② 握手时不要争先恐后，与多人握手时不要两手并用、交叉握手，也要避免握手时与另外握手的两个人手臂呈交叉状。

③ 握手时摘下手套，女士在社交场合戴着薄纱手套与人握手，也是被允许的。

④ 不要在握手时戴着墨镜，患有眼疾或眼部有缺陷者除外。

⑤ 不要在握手时另外一只手依旧拿着东西。例如，仍然拿着香烟、报刊、公文包、行李等。

⑥ 不要在握手时面无表情不说一句话，好像根本无视对方的存在，纯粹是为了应付。

⑦ 不要在握手时将另外一只手插在口袋里。

⑧ 不要在握手时仅握住对方的指尖，好像有意与对方保持距离。

⑨ 不要用不洁净的手或者患有传染性皮肤病的手与人相握。

⑩ 不要与人握完手后马上擦手，这样非常不尊重对方，有嫌弃对方的意味。

⑪ 不要拒绝与他人握手，即使是他违反了握手礼的先后顺序，我们都应该将其看作是敬重、友好的表示，大方地与人握手。

7. 鼓掌

鼓掌是表示欢迎、祝贺、赞许、致谢等的礼貌行为。在观看文艺演出、重要人物出现、听演讲时都用热烈鼓掌表示钦佩、祝贺。

1）鼓掌的标准动作

面带微笑，抬起两臂，抬起左手手掌至胸前，掌心向上，用右手除拇指外的其他四指轻拍左手中部。此时，节奏要平稳，频率要一致，如图 4-49 所示。

图4-49 鼓掌的标准动作

2）鼓掌的禁忌

① 鼓掌时不应戴手套，宜自然，切忌使劲鼓掌。

② 鼓掌要热烈，但不要忘形，一旦忘形，鼓掌的意义就发生了质的变化，而成了"喝倒彩""鼓倒掌"，有起哄之嫌，这样是失礼的。

③ 鼓掌尽量不要用语言配合，那是无修养的表现。如鼓掌时伴以吼叫、吹口哨、跺脚、起哄，这些做法会破坏鼓掌的本来意义。

④ 掌声大小以与气氛相协调为好。例如，表示喜悦的心情时，可使掌声热烈；表达祝贺之时，可使掌声持久；观看文艺演出时，则应注意勿使掌声打扰演出的正常进行。

8. 挥手告别

告别时，应挥手示意。动作要领如下：五指并拢，身体站直，目视对方，手臂前伸，掌心向外，左右挥动手臂，如图4-50所示。

图4-50 挥手告别

操作练习与思考、探索

1. 操作练习

以小组为单位进行手势练习，直到熟练掌握。

2. 思考题

（1）指引手势和介绍手势的区别是什么？

（2）递送物品时应注意哪些细节？

（3）握手礼的操作流程是什么？

3. 讨论与探索

■ 学习笔记 ■

存在的问题	解决的方法

4.8　鞠　躬　致　意

　　鞠躬即弯身行礼，是人们在生活中对别人表示恭敬、感谢的一种礼节，既适用于庄严肃穆、喜庆欢乐的仪式，也适用于一般的社交场合。

4.8.1　鞠躬的正确姿态

1. 行鞠躬礼的基本要求

　　行鞠躬礼时，须脱帽，呈立正姿势，面带笑容，男士双手自然下垂，贴放于身体两侧裤线处，女士双手相叠搭放在腹前，手指自然并拢，脖子和背部挺直，以髋部为轴向前折叠上半身，注意头部、颈部、背部成一条直线。

2. 常用鞠躬度数

常用鞠躬度数有 15°、30°、45°、90° 几种，各自用法如下：

① 15° 鞠躬运用在一般的应酬场合，如问候、介绍、握手、让座等；

② 30° 鞠躬一般是下级给上级、学生给老师、晚辈给前辈、服务人员给来宾表示的敬意；

③ 45° 鞠躬一般用于表示非常感谢或者表达歉意时；

④ 90° 鞠躬属于最高的礼节，这个得慎重，分场合、人物来定。

3. 服务业的三度鞠躬

1）一度鞠躬

一度鞠躬一般用在问候时，伴随服务语言"您好"。

动作要领：目光注视客人，身体前倾 15°，头部、颈部、背部成一条直线，面带微笑，如图 4-51 所示。

图4-51　一度鞠躬

2）二度鞠躬

一般用在自我介绍或对来自对方的称赞表示衷心感谢时，伴随服务语言如"欢迎光临""谢谢您的认可"。

动作要领：目光注视客人，面带微笑，身体前倾 30°，头部、颈部、背部部成一条直线。目光注视前方 1.5 m 远的地面，礼毕起身，仍然面带笑意，目光礼貌地注视客人，如图 4-52 所示。

学习笔记

图4-52　二度鞠躬

3）三度鞠躬

一般用在表示非常感谢或向对方致歉时。

动作要领：目光注视客人，身体前倾45°，头部、颈部、背部成一条直线，面带微笑，目光注视前方 1 m 远的地面，礼毕起身，仍然面带笑意，目光礼貌地注视客人，如图 4-53 所示。

图4-53　三度鞠躬

4.8.2　鞠躬时应注意的问题

① 一般情况下，鞠躬要脱帽，戴帽子鞠躬是不礼貌的。

② 鞠躬时，目光应该向下看，表示一种谦恭的态度。不可以一面鞠躬一面翻起眼看对方，这样做姿态不雅观，也不礼貌。

③ 鞠躬礼毕起身时，目光还应该有礼貌地注视对方。如果礼毕后视线马上转移到别处，即使行了鞠躬礼，也会让人感到不是诚心诚意。

④ 鞠躬时，嘴里不能吃东西或叼香烟。

⑤ 上台领奖时，要先向授奖者鞠躬，以示谢意，再接奖品，然后转身面向全体与会者鞠躬行礼，以示敬意。

⑥ 行鞠躬礼时绝对不能把手插在衣袋里，那是极为失礼的行为。

⑦ 鞠躬必须是站立的，如果在座位上看到了领导、客人，应起立鞠躬。

操作练习与思考、探索

1. 操作练习

以小组为单位进行鞠躬礼练习，直到熟练掌握。

2. 思考题

（1）鞠躬礼最常用的三个度数分别是多少？

（2）行鞠躬礼时一定要注意避免哪些不恰当的细节？

3. 讨论与探索

存在的问题	解决的方法

第5章

服务人员的语言礼仪

语言可以体现一个人的学识、修养和内涵。一句同情理解的话，能使人感到亲切，对你产生好感。一句不合时宜的话，轻则引起对方反感，重则激发矛盾。作为服务人员，更应注重语言的礼仪。通过本章的学习，希望能达成以下目标。

【知识目标】

1. 了解文明礼貌用语的常见语句。

2. 掌握尊称的类别和使用场合。

3. 熟记服务常用语及忌用语。

【能力目标】

1. 能灵活运用文明礼貌用语。

2. 能正确使用服务人员的服务敬语。

3. 能了解并恰当地使用尊称。

■ 学习笔记 ■

5.1 语言的礼仪

语言是人类特有的用来表情达意、进行交际、增进相互了解的工具。一个人的语言，可以表现出他的道德水准和教养水平。人类之所以能成为万物之灵，就是因为掌握了语言。语言既能体现出真、善、美，又能体现出假、恶、丑。因此，大家都应自觉遵守语言规范，掌握语言的使用方法，注重自己的礼貌谈吐，讲究说话的艺术性，从而做到语言美，进而发挥语言的作用。

在生活中，我们应该不断培养自己的语言交际能力。首先，我们应该学好普通话，普通话是现代汉语的标准语，它已成为沟通的纽带；其次，掌握语言表达的基本规律；最后，要养成自觉练习的习惯，只有不断地练习，才能提高自己的语言表达能力。

能力训练

培养自己的语言表达能力，可以通过多参加一些演讲之类的活动来实现。比如我们每周可以组织一次小型演讲分享会，每组每次选出一个人准备 10 min 的演讲内容，与大家分享，以此来锻炼我们的语言表达能力，这对我们将来的工作也有一定的帮助。例如，应聘时，需要应聘者做自我介绍，语言表达能力强的人，便可以应付自如。通过这样的练习，可以为将来找工作打下坚实的基础。

语言的礼仪，还包括倾听。倾听不但是日常生活的一个重要组成部分，而且也是对说话者的尊重。倾听需要一定的技巧，学会之后将受益无穷。

5.2 文明礼貌用语

俗话说："良言一句三冬暖，恶语伤人六月寒。"很多时候，一句同情理解的话，就能给人很大安慰，即使处于寒冷的冬季也能让人感到温暖。而一句不合时宜的话，就如一把利剑，容易刺伤人们脆弱的心灵，即使在盛夏六月，也让人感到阵阵的恶寒。在日常生活和工作中，我们一开口说话，就要让人感到舒适，这既是尊重别人，也是体现自己修养的重要表现。我们应养成"请字不离口，谢字随身走"的语言习惯，掌握礼貌用语，一开口说话就给人留下有教养、懂尊重的好印象。

5.2.1　礼貌用语

1. 十字礼貌用语

常用的十字礼貌用语是："您好""请""谢谢""对不起""再见"。

2. 见面语

"早上好""下午好""晚上好""您好""很高兴认识您""请多指教""请多关照"等。

3. 感谢语

"谢谢""劳驾了""让您费心了""实在过意不去""拜托了""麻烦您""感谢您的帮助"等。

4. 打扰对方或向对方致歉

"对不起""请原谅""很抱歉""请稍等""麻烦""请多包涵"等。

5. 接受对方致谢、致歉时

"别客气""不客气""不用谢""没关系""请不要放在心上"等。

6. 告别语

"再见""欢迎下次再来""慢走""祝您一路顺风""请再来"等。

5.2.2　尊称

在语言沟通过程中，正确、恰当地称呼对方，也非常有必要。选择称呼要合乎常规，要照顾被称呼者的个人习惯，要懂得入乡随俗。在工作岗位上，人们彼此之间的称呼是有其特殊性的，要庄重、正式、规范。常用的称呼类别有职务称、职业称、泛指称，还有姓名称和亲属称等。

1. 职务称

① 仅称职务，如"部长""经理""主任"等。

② 在职务之前加上姓氏，如"周经理""邓处长""蒋委员"等。

③ 在职务之前加上姓名，这仅适用极其正式的场合。如"习近平主席""李克强总理"等。

2. 职业称

如将教员称为"老师"，将教练员称为"教练"，将专业辩护人员称为"律师"，将警察称为"警官"，将会计师称为"会计"，将医生称为"大夫"等。在一般情况下，在此类称呼前，均可加上姓氏或姓名，如王老师、王强教练等。

3. 泛指称

将男女区分，分别称为"男士""女士"或"先生""太太""小姐"等。在此类称呼前，也可加上姓氏或姓名，如王女士、王强先生等。

4. 姓名称

在工作岗位上称呼姓名，一般仅限于同事、熟人之间，具体有以下三种：

① 直呼姓名、全名。

② 只呼其姓，不称其名，但要在姓前面加上"老""大""小"，如小王、大刘等。

③ 只称其名，不呼其姓，它通常仅限于同性之间，尤其是上司称呼下级、长辈称呼晚辈之时。在亲友、同学、邻里之间，也可使用这种称呼。

5. 亲属称

亲属，即与本人直接或间接拥有血缘关系者。在日常生活中，对亲属的称呼也已经约定俗成，众所周知。例如，父亲（爸爸）、母亲（妈妈）、哥哥、姐姐、弟弟、妹妹。将父亲的父亲称为"祖父"，将父亲的祖父称为"曾祖父"，将姑姑、舅舅之子称为"表兄""表弟"，将叔叔、伯伯之子称为"堂兄""堂弟"。

操作练习与思考、探索

1. 操作练习

以小组为单位，进行文明礼貌用语练习，直到熟练掌握。

学习笔记

2. 思考题

（1）十字礼貌用语是什么？

（2）称呼有哪几种常用类别？

3. 讨论与探索

存在的问题	解决的方法

5.3　服务常用语

1. 问候语

① 您好 / 早上好，×× 先生 / 女士！

② 中午好 / 下午好，×× 先生 / 女士！

③ 晚上好，×× 先生 / 女士！

④ 新年好！

⑤ 中秋 / 端午愉快！

⑥ 国庆节快乐！

⑦ 请问是前往 ×× 吗？

⑧ 请问您有几位客人乘机？

⑨ 请出示您的证件 / 文件。

⑩ 请问共有几件托运行李和随身行李？

2. 引导语

① 请进！

② 欢迎光临！

③ 请跟我来。

④ 您请里面走。

⑤ 行李我们为您提拿 / 安放 / 托运。

⑥ 小心脚下！

⑦ 当心台阶！

⑧ 前面请左 / 右转。

⑨ 当心头顶！

⑩ 请上车。

⑪ 车转弯，请留意。

⑫ 我们已到达停机位，请下车 / 请带好随身物品。

3. 服务语

① 请问我能帮您做点什么？

② 请随时呼唤，我们非常乐意为您效劳。

③ 是的，明白了。

④ 好的，这就去做。

⑤ 我们会尽力而为的。

⑥ 请别着急。

⑦ 请多提宝贵意见。

4. 道歉语

① 很抱歉，让您久等了。

② 对不起，打扰了。

③ 请原谅。

④ 给您添麻烦了。

⑤ 不好意思，请稍候。

⑥ 失礼了。

⑦ 失陪片刻。

5. 安慰语

① 请别着急，我们正在努力。

② 请别担心，会有办法解决的。

③ 请耐心等候，很快会有消息的。

④ 请别生气。

⑤ 请别激动。

6. 答谢语

① 不用客气。

② 这是应该的。

③ 谢谢您的认可！

④ 感谢您的理解与配合。

⑤ 没关系的，不必放在心上。

⑥ 不用谢。

7. 告别语

① 您请慢走。

② 恭候您下次光临。

③ 欢迎您再来！

④ 祝您旅途愉快！

⑤ 一路平安！

⑥ 再见！

⑦ 请带好随身物品。

8. 赞美语

① 太好了！太棒了！真不错！

② 您今天看上去真精神 / 真棒 / 真漂亮！

③ 您的孩子很可爱！

④ 多么可爱的孩子！

⑤ 您的性格很好！

⑥ 您真幽默！

⑦ 您的中文好得令人惊讶！

5.4　服务忌用语

1. 与客户沟通

① 喂！

② 喂（嘿），快说话！

③ 大声点，我听不清！

④ 刚才跟你说过了，怎么还问？

⑤ 你听清楚了吗？你说话声音大点行吗？

■ 学习笔记 ■

⑥ 什么？

⑦ 你小声一点行不行！

⑧ 叫你旁边的人别说话！大声点，我听不清！

⑨ 你的电话怎么回事？声音一会儿大，一会儿小的！

⑩ 不是跟你说过了吗？

⑪ 后面一句你怎么还不明白？

⑫ 已经重复多次，你还不清楚吗？

⑬ 你听不懂吗？

⑭ 你先听我说。

⑮ 你就不能听我说完再发话？

⑯ 怎么连基本常识都不懂？自己看着办！

⑰ 我不是为你一个人服务的！

2. 面对投诉

① 那是你自己选择的！

② 不满意你可以投诉我。我解决不了，找别人去！

③ 以前的事情，我怎么知道。

④ 我就这个态度！没法查！没办法！

3. 强势口吻

① 活动规则就是这样，你可以不参加。那明明是你自己同意的。

② 这个没办法的，公司规定的。

③ 你自己看着办吧。

④ 对你这样的客户，我们就是这样规定的！

⑤ 这个问题我们也没办法。

⑥ 不行就是不行！你问我，我问谁？

⑦ 明明就是你不对！

⑧ 你有完没完？

⑨ 没有这项业务就是没有！你还问？

⑩ 用不起就别用！

4. 推诿客户

① 现在是我休息时间。

② 你明天再打来。

③ 这个和我说没用，我也没有办法！

④ 我也不清楚，您别问我！

⑤ 这不是我们的职责。

⑥ 这个我不知道！

⑦ 我不清楚，你找 ×× 地方问去！

⑧ 办不了，谁叫你没有（不记住）服务密码？

⑨ 现在才说，早干吗来着？

操作练习与思考、探索

1. 操作练习

以小组为单位进行服务常用语练习，直到熟练掌握。

2. 思考题

（1）模拟一个工作场景，使用服务常用语进行沟通。

（2）你还知道哪些恰当的文明礼貌用语？

3. 讨论与探索

存在的问题	解决的方法

下 篇

形体训练

第6章

走进形体训练与形体美

形体是人在自身条件和成长过程中努力练习的基础上所表现出的身体形态上相对稳定的特征，是包括人的表情、姿态和体形在内的人的外在形象的总和。简而言之，形体即身体的外形。

通过本章的学习，希望达成以下目标。

【知识目标】

1. 掌握形体训练的特点、功能、原则。
2. 了解形体美的内涵。

【能力目标】

1. 了解形体训练功能，掌握形体训练原则。
2. 能根据形体美的内涵分析自己的形体，进行有针对性的训练。

6.1 形体训练基础

6.1.1 形体训练的定义

形体训练以人体科学理论为基础，通过各种肢体练习来增进健康、增强体质、塑造形体、训练仪态、陶冶情操，是一个有目的、有计划、有组织的训练过程。

形体训练把音乐、舞蹈、体育融为一体，创造了一种既能锻炼身体，又能塑造形体；既能陶冶情操，又能进行艺术创造；既健身又健心的综合身体活动，最终达到美的效果。

6.1.2 形体训练的目的和任务

在以学生为主体，以就业为导向，以能力为本位，以促进学生可持续发展为目标的现代职业教育中，形体训练已经成为一门有效提高学生综合素质、培养专业技能、塑造优美身体形态的重要课程。概括起来，主要有以下几方面的目的和任务：

① 教育学生树立健康意识，养成运动习惯，掌握科学的健身方法；

② 增强学生体质，提高学生心理健康和社会适应能力等综合素质；

③ 塑造学生健美的形体和优雅的姿态；

④ 培养学生正确的审美意识和美的情操；

⑤ 提高学生自我表现能力和控制能力；

⑥ 帮助学生树立坚强的意志、良好的职业道德和团队协作精神。

6.1.3 形体训练的特点

形体训练主要有以下四大特点。

1. 以培养身体良好形态为主

形体训练的基本内容多为周期性的静力性活动和控制能力的练习。严格规范的形态控制练习和舒展、优美并符合人体运动自然规律的徒手练习为其基本的运动形式。

2. 综合性

形体训练既有别于专业院校的舞蹈、体操课程，又有别于一般的体育锻炼。职业院校形体训练内容以形体基本素质训练和形态控制训练为主，同时增加了舞蹈、瑜伽、健身操、健美器械练习、礼仪服务姿态练习和时装表演练习等内容。

3. 艺术性

形体训练具有丰富多彩的练习内容，其舒展优美的姿态、矫健匀称的体态和集体练习中巧妙变换的队形展示了强烈的美感。形体基本素质训练和形态控制训练多采用旋律优美的钢琴曲伴奏。音乐是形体训练的灵魂，根据不同风格的乐曲，创造出不同风格、形式的形体训练动作，可以提高练习者的音乐素养，培养其良好的气质和修养。

4. 实用性

职业院校形体训练内容中的礼仪服务姿态练习和时装表演练习，有利于培养学生正确、强烈的服务意识和标准、规范的礼仪行为，有利于培养专业技能高、综合素质好、动手能力强的职业技术实用型人才，为学生就业和职场发展奠定良好的基础。

6.1.4 形体训练应遵循的原则

1. 意志品质的加强

职业院校形体训练的内容要适应职业教育和素质教育的要求，体现以学生为主体、以就业为导向、以能力为本位、以促进学生可持续发展为目标的教学理念。教学中应坚持对学生进行思想政治教育、爱国主义和集体主义教育；着力培养学生正确的审美意识和勇于开拓的创新意识；帮助学生培养坚强的意志品质、良好的职业道德和团队协作精神。

2. 良好形态的重视

塑造良好形态是形体训练最重要的原则，应贯穿于整个教学过程的始终。形体基本素质训练和形态控制训练在各学期、各阶段都应该重点安排并不断重复，以巩固训练成绩，加强训练效果。

3. 循序渐进的过程

根据职业院校不同年龄阶段青少年学生身心发展的特点和规律，合理安排训练内容、训练时间和运动负荷，须进行系统训练，并逐年提高训练强度。

4. 因人而异的实施

重视个性差异，从每个学生的实际情况出发安排形体训练，既要达

▪ 学习笔记 ▪

到一定的训练效果，又不能超负荷。同时，尽量避免造成伤痛，以免挫伤学生的积极性。

5. 多样化的训练

选择多样化的内容和练习形式，帮助学生熟悉和掌握舞蹈、音乐、健美、体操、礼仪和时装表演等多种形式的形体训练内容，满足学生的兴趣爱好，培养多种技能，发展学生个性。

6. 课堂的情趣

精心设计教学环节，努力营造课堂氛围，注重交流、互动，避免单一、枯燥，激发学生的学习兴趣，提高学生主动参与的积极性和创造性。

6.1.5　形体训练的作用

1. 改善神经系统和大脑功能

神经系统可分为中枢神经系统和周围神经系统两部分。中枢神经系统由脑与脊髓组成，而周围神经系统由脑和脊髓发出的神经纤维组成。神经系统是人体主要的机能调节系统，人体的各器官、系统的一切活动都是在神经系统的控制下进行的。通过神经系统的调节，人体对内外环境的变化产生相适应的反应，使人体内部与周围环境协调统一，从而使人体的生命活动得以正常进行。

形体训练是外环境对机体的一种刺激。这种刺激具有连续、协调、速度、力量的特点，使肌体处于一种运动状态。这种状态下中枢神经将随时动员各器官及系统，使之协调、配合肌体的工作。经常参加形体训练，就能使神经活动能力得到相应的提高。除此之外，形体训练还要求动作迅速、准确；而迅速、准确的动作又要在大脑的指挥下完成。脑是中枢神经的高级部位。进行形体训练时，脑、脊髓及周围神经要建立迅速而准确的应答式反应，而脑又要随时纠正错误动作，储存精细动作的信息。经过经常、反复不断的刺激，可提高人的理解能力、思维能力和记忆能力，从而使大脑更加聪明。所以说，经常参加形体训练，可以强化肌体神经系统的功能、提高大脑的工作能力，使人更加健康和聪明。

2. 提高心血管系统的功能

心血管系统即心脏与各类血管所组成的，并以心脏为动力的闭锁管道系统，也就是人们常说的血液循环系统。形体训练主要由运动系统即

■ 学习笔记 ■

骨骼与肌肉参与完成。运动系统在进行工作时要消耗大量的氧气、养料（又要排泄大量的废物），在消耗的同时又需要不断地补充供给大量的新鲜氧气及养料，与此同时还要排泄大量的废物。这一繁重的任务，是依靠体内的闭锁管道系统——心血管（循环）系统来完成的。

当人体处于安静状态时，平均心率为 75 次 /min，而心脏的每搏血液输出量为 50~70 mL，每分钟输出量约为 4.5 L。在强烈的肌肉运动时，每搏血液输出量可以达到安静时的 5~7 倍，这就势必使心肌处于激烈的收缩、舒张状态。经常的刺激会使心肌纤维增粗，心房、心室壁增厚，心脏体积增大，血容量增多，进而增加心肌的力量。心肌力量增加后，心脏的每搏血液输出量上升，从而使心跳的次数相应减少，在平时较为安静的状态下，心脏能够得到较长时间的休息，从而减轻心脏的工作负担，使心脏永远年轻。

3. 矫正形体

每个人的形体都有自己的特点，怎样去发掘我们形体的长处以弥补我们的短处？为什么训练班和传统的训练方法、健美操、瑜伽、现代训练器械等，不能切中形体缺陷问题的要害？不能真正改变臀部下垂、身体赘肉、肥胖、腰粗壮、O 形腿、X 形腿、斜肩、驼背、脖子短、腿短、身材显得不够高等问题？

例如，腰粗壮，我们通过减肥的方法，即使效果再明显，但是腰部线条比例依旧没有改变,减肥的作用不可能针对这一缺陷部位去掉热量，只能随着身体的其他部位的热量一起消耗。而市面上名目繁多的减肥和改善形体的手段，并不能真正起到矫正形体的作用。例如健美操，可能会起到一些燃烧脂肪和减肥的作用，但是针对不满意的形体局部的改善却起不了任何作用，而且单一的跳跃、爆发力过强，甚至可能导致肌肉线条过于粗大 (大的肌肉块) 而失去女性肌肉的纤细、长线条的美。

只有通过形体训练，而且是针对每个人形体特点而设计的形体训练，才能起到矫正形体的作用。

6.2　"形体美" 的认知

6.2.1　形体美的定义

形体美是人的整个体形系统的美，它建立在健康之上，来源于科学

合理的营养和锻炼。形体美主要表现为外在形体的美，与人的内在美紧密相连、相互统一。

形体美是指人的整体指数合理，人体各部位之间比例匀称，形成了优美和谐的外观特征。人体只有在四肢、躯干、头部及头部五官的合理配合下才能显示出姿态美、体态美、线条美，以及外部形态与内部情感的和谐统一美。

形体美基本上是由身高、体重和人体各部分的长度、围度及比例所决定的，并受肤色、动作、风度、着装和化妆等因素的影响。

6.2.2　形体美的基本要求

从现代审美观点来看，男性在形体上应倾向于强壮、有力，拥有发达而强健的肌肉，充满阳刚之气的精神面貌和气质；女性在形体上应倾向于丰满、挺拔，拥有健美而富有弹性的肌肉，充满青春活力的精神面貌和气质。具体来说，可以从以下 10 方面来衡量人体的健与美：

①头部五官端正，面色红润，眼睛有神，头发有光泽；

②颈部挺直而灵活，并与头部配合协调；

③双肩对称，男宽女窄；

④两臂修长，平展后长度与身高相等；

⑤胸部宽厚，比例协调，男性胸肌圆隆，女性乳房丰满而不下垂；

⑥腰部呈现圆柱形，细而有力；

⑦腹部扁平；

⑧臀部圆满适度，微显上翘，不下坠，男性鼓实，女性健而隆起；

⑨大腿修长，小腿长而腓肠肌位置高，并稍突出；

⑩人体骨骼发育正常，身体各部位比例匀称。

男子形体强调上肢力量及肌肉发达，整个体形呈倒梯形；女子形体强调身体匀称，线条流畅，整个体形呈曲线形。丰满而有弹性的乳房、适度的腰围、结实的臀部及健美的大腿等是体现女性特有曲线的重要部分。一个体形匀称的人，体重与身高、腰围与胸围和臀围的理想比例，都接近于黄金分割律。

6.2.3　评定形体美的重要因素

1. 良好的体态

姿态美与形体美关系密切，在日常生活中，形体美需要通过优美的姿态来展现。例如，躯干笔直的人与腰部松垮的人自由站立时给人的感觉就有明显差异。前者由于良好的姿态可以充分表现形体美，而后者由于腰部塌下、腹部挺出、肌肉松弛而给人形体不美的感觉。姿态美的关键是脊柱，因此应特别注意脊柱的形态，培养正确的坐、立、行的基本姿势。要形成姿态美，还必须通过严格的形体训练，建立正确姿势的动力定型并矫正不良的、错误的姿势。

2. 优美的动作

动作美是形体美的一种表现形式，动作美之中蕴含着姿态美。姿态有动有静，如坐、立、卧、蹲表现出静态时的姿势，而走、跑、跳等就表现出动态时的姿势。无论是静态还是动态，只要在完成动作时轻松、协调、准确、敏捷、高效，就可以显示出动作美。英国大哲学家和现代实验科学的开山祖师弗朗西斯·培根说过："状貌之美胜于颜色之美，而适宜并优雅的动作之美又胜于状貌之美。"

3. 脱俗的气质

气质是人的高级神经活动类型特点在行为方式上的表现。在日常生活中，通常指人的典型而稳定的个性特点、风格和气度。由此可见，气质美似虚非虚，看似无形，实则有形，具体反映在一个人对待现实生活的态度、个性、自我调整能力和言行特征等方面。正所谓一举手、一投足可有天壤之别。它既可能展示出人的端庄、典雅，也可能表现出人的猥琐和俗气。正由于气质美是内在美自然、真实的流露，所以气质美可以使形体美、姿态美、动作美达到更高的境界。

4. 先天遗传

遗传是影响形体美的因素之一。遗传对子代的形态、机能及生长发育速度有着较大的影响。在日常生活中，有的孩子体形像父母，或胖或瘦；有的孩子则在某一年龄段像父母，显现出身高的优势，这就是遗传。人的体形主要取决于身高与体重的比例是否适度。从遗传角度看，身高依赖于遗传的因素较多，而体重则主要受后天生活环境的影响。在身高方面，男性有 75% 是遗传造成的，女性受遗传影响则达到 92%；在腿长方面，男性遗传度达 77%，女性遗传度则高达 92%；在其他方面，如臂长、坐高等遗传造成的差异也占较高的比例。而在体重方面，男性遗传度是 68%，女性仅为 42%。以上数据说明身高受先天遗传的影响较大，而体重受先天遗传的影响相对较小。因此，塑造形体美需遵循

遗传规律和人体生长发育规律，在遗传因素所允许的范围内，根据自身的条件进行科学锻炼，可有效改善形体。

5. 饮食营养

营养是构成机体的物质保证。营养过剩或营养不良，尤其是营养过剩而运动不足造成的肥胖，是目前影响人们健康和体形变化的主要原因。体重是形体改变的较为直观的指标。人的体重是一个高度可变的指标，体重及受体重影响的胸围、腰围、臀围、腿围等身体各部位围度受遗传影响较小，主要受后天营养和运动锻炼的影响。在人的生长发育过程中受营养因素直接影响的体重，通过科学合理的膳食结构和营养补充，同时配合具有一定运动量和强度的体育锻炼或形体训练，将能够得到良好而有效的控制。

6. 运动锻炼

体育锻炼和形体训练也是影响形体美的主要因素之一。形体训练包括体形和体态两方面系统而科学的训练。体形的改善训练主要是指全身各部位的比例是否匀称、平衡，主要肌肉群是否具有健美的线条；而体态的改善训练是指整个身体及各个部位的姿势是否端正、舒展。在形体训练中，丰富多样的拉伸控制及较大强度的有氧体操等练习，不仅能有效地促进身体各相关部位骨骼、肌肉和韧带的协调发展，而且有助于提高身体控制能力，形成舒展、挺拔的形态。

6.2.4 形体美的定量评价

形体美的评价，除了定性评价外，还有定量评价。定量评价就是通过人体测量的重度（体重）、长度（身高、坐高、腿长、臂长等）和围度（胸围、腰围、臀围等）等指标，以具体的数据来确定形体美的评价标准。定性评价结合定量评价可更能客观、准确地评价人的形体之美。

1. 标准体重计算方法

男性标准体重（kg）=50+［身高（cm）−150］×0.75+（年龄−21）/5
女性标准体重（kg）=50+［身高（cm）−150］×0.32+（年龄−21）/5

2. 身高、体重评价标准

男生身高、体重评价标准如表6-1所示。

学习笔记

表6-1　男生身高、体重评价标准

身高 /cm	营养不良 /kg	体重较轻 /kg	正常体重 /kg	超重 /kg	肥胖 /kg
144.0 ～ 144.9	<41.5	41.5 ～ 46.3	46.4 ～ 51.9	52.0 ～ 53.7	≥ 53.8
145.0 ～ 145.9	<41.8	41.8 ～ 46.7	46.8 ～ 52.6	52.7 ～ 54.5	≥ 54.6
146.0 ～ 146.9	<42.1	42.1 ～ 47.1	47.2 ～ 53.1	53.2 ～ 55.1	≥ 55.2
147.0 ～ 147.9	<42.4	42.4 ～ 47.5	47.6 ～ 53.7	53.8 ～ 55.7	≥ 55.8
148.0 ～ 148.9	<42.6	42.6 ～ 47.9	48.0 ～ 54.2	54.3 ～ 56.3	≥ 56.4
149.0 ～ 149.9	<42.9	42.9 ～ 48.3	48.4 ～ 54.8	54.9 ～ 56.6	≥ 56.7
150.0 ～ 150.9	<43.2	43.2 ～ 48.8	48.9 ～ 55.4	55.5 ～ 57.6	≥ 57.7
151.0 ～ 151.9	<43.5	43.5 ～ 49.2	49.3 ～ 56.0	56.1 ～ 58.2	≥ 58.3
152.0 ～ 152.9	<43.9	43.9 ～ 49.7	49.8 ～ 56.5	56.6 ～ 58.7	≥ 58.8
153.0 ～ 153.9	<44.2	44.2 ～ 50.1	50.2 ～ 57.0	57.1 ～ 59.3	≥ 59.4
154.0 ～ 154.9	<44.7	44.7 ～ 50.6	50.7 ～ 57.5	57.6 ～ 59.8	≥ 59.9
155.0 ～ 155.9	<45.2	45.2 ～ 51.1	51.2 ～ 58.0	58.1 ～ 60.7	≥ 60.8
157.0 ～ 157.9	<46.1	46.1 ～ 52.1	52.2 ～ 59.2	59.3 ～ 61.5	≥ 61.6
158.0 ～ 158.9	<46.6	46.6 ～ 52.6	52.7 ～ 59.8	59.9 ～ 62.2	≥ 62.3
159.0 ～ 159.9	<46.9	46.9 ～ 53.1	53.2 ～ 60.3	60.4 ～ 62.7	≥ 62.8
160.0 ～ 160.9	<47.4	47.4 ～ 53.6	53.7 ～ 60.9	61.0 ～ 63.4	≥ 63.5
161.0 ～ 161.9	<48.1	48.1 ～ 54.3	54.4 ～ 61.6	61.7 ～ 64.1	≥ 64.2
162.0 ～ 162.9	<48.5	48.5 ～ 54.8	54.9 ～ 62.2	62.3 ～ 64.8	≥ 64.9
163.0 ～ 163.9	<49.0	49.0 ～ 55.3	55.4 ～ 62.8	62.9 ～ 65.3	≥ 65.4
164.0 ～ 164.9	<49.5	49.5 ～ 55.9	56.0 ～ 63.4	63.5 ～ 65.9	≥ 66.0
165.0 ～ 165.9	<49.9	49.9 ～ 56.4	56.5 ～ 64.1	64.2 ～ 66.6	≥ 66.7
166.0 ～ 166.9	<50.4	50.4 ～ 56.9	57.0 ～ 64.6	64.7 ～ 67.0	≥ 67.1
167.0 ～ 167.9	<50.8	50.8 ～ 57.3	57.4 ～ 65.0	65.1 ～ 67.5	≥ 67.6
168.0 ～ 168.9	<51.1	51.1 ～ 57.7	57.8 ～ 65.5	65.6 ～ 68.1	≥ 68.2
169.0 ～ 169.9	<51.6	51.6 ～ 58.2	58.3 ～ 66.0	66.1 ～ 68.6	≥ 68.7
170.0 ～ 170.9	<52.1	52.1 ～ 58.7	58.8 ～ 66.5	66.6 ～ 69.1	≥ 69.2
171.0 ～ 171.9	<52.5	52.5 ～ 59.2	59.3 ～ 67.2	67.3 ～ 69.8	≥ 69.9
172.0 ～ 172.9	<53.0	53.0 ～ 59.8	59.9 ～ 67.8	67.9 ～ 70.4	≥ 70.5
173.0 ～ 173.9	<53.5	53.5 ～ 60.3	60.4 ～ 68.4	68.5 ～ 71.1	≥ 71.2
174.0 ～ 174.9	<53.8	53.8 ～ 61.0	61.1 ～ 69.3	69.4 ～ 72.0	≥ 72.1

■ 学习笔记 ■

续表

身高 /cm	营养不良 /kg	体重较轻 /kg	正常体重 /kg	超重 /kg	肥胖 /kg
175.0 ～ 175.9	<54.5	54.5 ～ 61.5	61.6 ～ 69.9	70.0 ～ 72.7	≥ 72.8
176.0 ～ 176.9	<55.3	55.3 ～ 62.2	62.3 ～ 70.9	71.0 ～ 73.8	≥ 73.9
177.0 ～ 177.9	<55.8	55.8 ～ 62.7	62.8 ～ 71.6	71.7 ～ 74.5	≥ 74.6
178.0 ～ 178.9	<56.2	56.2 ～ 63.3	63.4 ～ 72.3	72.4 ～ 75.3	≥ 75.4
179.0 ～ 179.9	<56.7	56.7 ～ 63.8	63.9 ～ 72.8	72.9 ～ 75.8	≥ 75.9
180.0 ～ 180.9	<57.1	57.1 ～ 64.3	64.4 ～ 73.5	73.6 ～ 76.5	≥ 76.6
181.0 ～ 181.9	<57.7	57.7 ～ 64.9	65.0 ～ 74.2	74.3 ～ 77.3	≥ 77.4
182.0 ～ 182.9	<58.2	58.2 ～ 65.6	65.7 ～ 74.9	75.0 ～ 77.8	≥ 77.9
183.0 ～ 183.9	<58.8	58.8 ～ 66.2	66.3 ～ 75.7	75.8 ～ 78.8	≥ 78.9
184.0 ～ 184.9	<59.3	59.3 ～ 66.8	66.9 ～ 76.3	76.4 ～ 79.4	≥ 79.5
185.0 ～ 185.9	<59.9	59.9 ～ 67.4	67.5 ～ 77.0	77.1 ～ 80.2	≥ 80.3
186.0 ～ 186.9	<60.4	60.4 ～ 68.1	68.2 ～ 77.8	77.9 ～ 81.1	≥ 81.2
187.0 ～ 187.9	<60.9	60.9 ～ 68.7	68.8 ～ 78.6	78.7 ～ 81.9	≥ 82.0
188.0 ～ 188.9	<61.4	61.4 ～ 69.2	69.3 ～ 79.3	79.4 ～ 82.6	≥ 82.7
189.0 ～ 189.9	<61.8	61.8 ～ 69.8	69.9 ～ 79.9	80.0 ～ 83.2	≥ 83.3
190.0 ～ 190.9	<62.4	62.4 ～ 70.4	70.5 ～ 80.5	80.6 ～ 83.6	≥ 83.7

女生身高、体重评价标准如表 6-2 所示。

表6-2　女生身高、体重评价标准

身高 /cm	营养不良 /kg	体重较轻 /kg	正常体重 /kg	超重 /kg	肥胖 /kg
140.0 ～ 140.9	<36.5	36.5 ～ 42.4	42.5 ～ 50.6	50.7 ～ 53.3	≥ 53.4
141.0 ～ 141.9	<36.6	36.6 ～ 42.9	43.0 ～ 51.3	51.4 ～ 54.1	≥ 54.2
142.0 ～ 142.9	<36.8	36.8 ～ 43.2	43.3 ～ 51.9	52.0 ～ 54.7	≥ 54.8
143.0 ～ 143.9	<37.0	37.0 ～ 43.5	43.6 ～ 52.3	52.4 ～ 55.2	≥ 55.3
144.0 ～ 144.9	<37.2	37.2 ～ 43.7	43.8 ～ 52.7	52.8 ～ 55.6	≥ 55.7
145.0 ～ 145.9	<37.5	37.5 ～ 44.0	44.1 ～ 53.1	53.2 ～ 56.1	≥ 56.2
146.0 ～ 146.9	<37.9	37.9 ～ 44.4	44.5 ～ 53.7	53.8 ～ 56.7	≥ 56.8
147.0 ～ 147.9	<38.5	38.5 ～ 45.0	45.1 ～ 54.3	54.4 ～ 57.3	≥ 57.4
148.0 ～ 148.9	<39.1	39.1 ～ 45.7	45.8 ～ 55.0	55.1 ～ 58.0	≥ 58.1

续表

身高 /cm	营养不良 /kg	体重较轻 /kg	正常体重 /kg	超重 /kg	肥胖 /kg
149.0～149.9	<39.5	39.5～46.2	46.3～55.6	55.7～58.7	≥58.8
150.0～150.9	<39.9	39.9～46.6	46.7～56.2	56.3～59.3	≥59.4
151.0～151.9	<40.3	40.3～47.1	47.2～56.7	56.8～59.8	≥59.9
152.0～152.9	<40.8	40.8～47.6	47.7～57.4	57.5～60.5	≥60.6
153.0～153.9	<41.4	41.4～48.2	48.3～57.9	58.0～61.1	≥61.2
154.0～154.9	<41.9	41.9～48.8	48.9～58.6	58.7～61.9	≥62.0
155.0～155.9	<42.3	42.3～49.1	49.2～59.1	59.2～62.4	≥62.5
156.0～156.9	<42.9	42.9～49.7	49.8～59.7	59.8～63.0	≥63.1
157.0～157.9	<43.5	43.5～50.3	50.4～60.4	60.5～63.6	≥63.7
158.0～158.9	<44.0	44.0～50.8	50.9～61.2	61.3～64.5	≥64.6
159.0～159.9	<44.5	44.5～51.4	51.5～61.7	61.8～65.1	≥65.2
160.0～160.9	<45.0	45.0～52.1	52.2～62.3	62.4～65.6	≥65.7
161.0～161.9	<45.4	45.4～52.5	52.6～62.8	62.9～66.2	≥66.3
162.0～162.9	<45.9	45.9～53.1	53.2～63.4	63.5～66.8	≥66.9
163.0～163.9	<46.4	46.4～53.6	53.7～63.9	64.0～67.3	≥67.4
164.0～164.9	<46.8	46.8～54.2	54.3～64.5	64.6～67.9	≥68.0
165.0～165.9	<47.4	47.4～54.8	54.9～65.0	65.1～68.3	≥68.4
166.0～166.9	<48.0	48.0～55.4	55.5～65.5	65.6～68.9	≥69.0
167.0～167.9	<48.5	48.5～56.0	56.1～66.2	66.3～69.5	≥69.6
168.0～168.9	<49.0	49.0～56.4	56.5～66.7	66.8～70.1	≥70.2
169.0～169.9	<49.4	49.4～56.8	56.9～67.3	67.4～70.7	≥70.8
170.0～170.9	<49.9	49.9～57.3	57.4～67.9	68.0～71.4	≥71.5
171.0～171.9	<50.2	50.2～57.8	57.9～68.5	68.6～72.1	≥72.2
172.0～172.9	<50.7	50.7～58.4	58.5～69.1	69.2～72.7	≥72.8
173.0～173.9	<51.0	51.0～58.8	58.9～69.6	69.7～73.1	≥73.2
174.0～174.9	<51.3	51.3～59.3	59.4～70.2	70.3～73.6	≥73.7

■ 学习笔记 ■

续表

身高 /cm	营养不良 /kg	体重较轻 /kg	正常体重 /kg	超重 /kg	肥胖 /kg
175.0 ～ 175.9	<51.9	51.9 ～ 59.9	60.0 ～ 70.8	70.9 ～ 74.4	≥ 74.5
176.0 ～ 176.9	<52.4	52.4 ～ 60.4	60.5 ～ 71.5	71.6 ～ 75.1	≥ 75.2
177.0 ～ 177.9	<52.8	52.8 ～ 61.0	61.1 ～ 72.1	72.2 ～ 75.7	≥ 75.8
178.0 ～ 178.9	<53.2	53.2 ～ 61.5	61.6 ～ 72.6	72.7 ～ 76.2	≥ 76.3
179.0 ～ 179.9	<53.6	53.6 ～ 62.0	62.1 ～ 73.2	73.3 ～ 76.7	≥ 76.8
180.0 ～ 180.9	<54.1	54.1 ～ 62.5	62.6 ～ 73.7	73.8 ～ 77.0	≥ 77.1
181.0 ～ 181.9	<54.5	54.5 ～ 63.1	63.2 ～ 74.3	74.4 ～ 77.8	≥ 77.9
182.0 ～ 182.9	<55.1	55.1 ～ 63.8	63.9 ～ 75.0	75.1 ～ 79.4	≥ 79.5
183.0 ～ 183.9	<55.6	55.6 ～ 64.5	64.6 ～ 75.7	75.8 ～ 80.4	≥ 80.5
184.0 ～ 184.9	<56.1	56.1 ～ 65.3	65.4 ～ 76.6	76.7 ～ 81.2	≥ 81.3
185.0 ～ 185.9	<56.8	56.8 ～ 66.1	66.2 ～ 77.5	77.6 ～ 82.4	≥ 82.5
186.0 ～ 186.9	<57.3	57.3 ～ 66.9	67.0 ～ 78.6	78.7 ～ 83.3	≥ 83.4

6.3 形体训练"疑惑先知道"

6.3.1 科学训练原则

1. 充分做好准备活动，注意训练安全

形体训练前充分地做好准备活动，可以有效地防止肌肉损伤和韧带拉伤。通过准备活动，使处于平静状态的关节、韧带、肌肉及中枢神经系统迅速进入兴奋状态，以适应运动的需要，充分地发挥其活动功能，达到最佳的训练效果。

准备活动应安排轻松自如、由弱到强的适度练习，一般以 10~15 min 为宜。

2. 合理安排训练内容，促进身体协调发展

力量与速度、耐力、协调性、柔韧性等要素相结合，可促进身体素质的全面发展；动力性与静力性练习相结合，大肌肉群与小肌肉群相结合，可促进全身肌肉群匀称发展；负重练习与徒手练习相结合，可

促进身心的协调发展；全身练习与局部练习相结合，既能针对身体某部位进行强化训练，又能兼顾身体的全面发展；主动性部位运动与被动性部位运动相结合，无氧运动与有氧运动相结合，可促进心肺和肌肉功能的协调发展。

3. 科学安排训练时间，注意训练时间间隔

训练时间每次 1~1.5 h。刚开始训练时，时间一般稍短，身体适应以后，时间逐渐延长。每周训练 2~4 次，间隔一天练习一次效果更好，既有利于保持训练状态，又有利于机体恢复。参加形体训练要有恰当的生理和心理负荷量，运动时最大心率保持在 70%~80% 最为合适。

餐后 1~2 h 开始训练比较适宜，晚上的训练应在睡前 1~2 h 结束，这样既有利于机体恢复，又不会因持续兴奋而影响睡眠。

4. 合理安排运动量，注意循序渐进

训练中，开始运动量可小一些，动作熟练后逐渐加大运动量，然后再根据身体情况和训练水平，采用小、中、大运动量相结合的方法循序渐进地训练。训练中，运动量安排过小起不到训练作用，运动量过大会造成过度疲劳，甚至出现伤害事故。

5. 重视训练后的调整

每次训练结束后，要及时进行调整，以促进血液循环，放松肌肉，减轻疲劳，使身体恢复到运动前的平静状态。

6. 改变不良的饮食习惯，制订合理的饮食计划

改变餐后添食、睡前吃点心、饭后立即睡眠等不良习惯。戒酒，限食含嘌呤高的食物。因为酒精热量高（29.3 J/g），能促进脂肪在体内沉积；嘌呤可加重肝肾代谢负担，对胖人不利。

6.3.2　教学要求

1. 重视基础知识

通过基础知识的学习，使学生了解和掌握形体训练的基础理论，学会用正确的训练方法塑造优美形体。

2. 结合专业实践

教学中，使学生结合专业工种需要进行训练，提高其职业审美能力，学会用良好的姿态从事职业岗位工作。

■ 学习笔记 ■

3. 注重课内和课外艺术实践训练

通过课内和课外的艺术实践训练活动，使学生在实践中增强体质，提高身体的灵活性、控制力和表现力。

4. 加强艺术欣赏的指导

让学生根据自己的兴趣、爱好参加各类艺术活动，在艺术天地里吸收艺术营养，提高其艺术素养和综合素质。

操作练习与思考、探索

1. 操作练习

指导体形偏胖或偏瘦的同学锻炼身体。

2. 思考题

（1）形体训练的目的和任务是什么？

（2）形体训练有哪些特点？

（3）形体训练的原则是什么？

（4）形体美的基本要求有哪些？

（5）形体美的评价标准有哪些？

（6）科学训练的原则是什么？

（7）形成肥胖的主要原因有哪些？

（8）什么是正确的减肥方法？

3. 讨论与探索

存在的问题	解决的方法

第7章

姿态训练基础

姿态作为一种形体语言，包括姿势、体态、仪态、手势及面部表情等。交通行业服务人员的形体语言，例如自信的坐姿、充满魅力的微笑、炯炯有神的目光，既是自信、能力、修养的体现，又会让服务对象喜欢你、亲近你，从而使你的工作更顺利。通过本章的学习，希望达成以下目标。

【知识目标】

1. 了解姿态训练的内容。
2. 熟记姿态训练的原则。
3. 掌握姿态训练基本术语。

【能力目标】

1. 能用姿态训练原则指导姿态训练。
2. 能正确完成扶把杆练习。

■ 学习笔记 ■

7.1 姿态训练中形体的重要性

在姿态训练中，形体基本素质训练是一项重要内容。在具体教学中，应结合上一章的形体美理论知识，对头、肩、胸、腰、腹、髋、四肢等进行科学训练。

在运动生理学上，通常把人体在肌肉活动中所表现出来的速度、力量、灵敏性及柔韧性等基本能力称为身体素质，那么对速度、力量、灵敏性、柔韧性等能力的训练就是身体素质训练。良好的身体素质是学习动作、掌握技巧的有力保证，尽管对普通职业院校学生的要求没有像对舞蹈、体操专业学生那么高，但是要进行基本的形体训练，并要保证形体训练的效果，良好的身体基础也是必不可少的。

7.2 姿态训练的内容

1. 基本体态训练

基本体态训练即基本姿态训练，是形体训练的重要内容之一。人的基本姿态是指人体的坐、立、行等身体姿势。良好的身体姿态给人的感觉是端庄、挺拔和高雅的，给人以赏心悦目的美感，在服务实践中能给服务对象留下良好的印象。

基本体态训练内容主要包括：站立姿态训练、行走姿态训练和有姿态的跑、跳训练三个部分。各类训练主要以组合的形式，在音乐伴奏下完成。通过丰富多样的训练，可以有效塑造正确、规范的身体姿态，改变不良体态，如驼背、斜肩、松胯等，更好地适应未来职业的需要。

2. 服务体态美感训练

服务礼仪的身体姿势包括站姿、坐姿、行姿、蹲姿等。服务礼仪与服务体态美感训练内容包括服务礼仪姿态、服务礼仪规范和服务礼仪的体姿美感训练。通过该项内容的学习和训练，掌握不同场景的服务礼仪要领和操作规范，加强身体控制力，能够提高专业素养，展示高雅、自信、热情的精神风貌。

3. 形体素质训练

柔韧、力量和灵敏素质训练是形体训练中的基础性训练，其中，柔韧素质和力量素质更为重要。柔韧素质训练是保证形体舒展、动作协调的基础。只有保持良好的柔韧性，才能体现出舒展、挺拔、柔和的形体美。而力量素质则能够使人体表现出良好的体力、肌肉感和身体控制能力，例如下肢力量和腰背部力量可使人体挺拔；男性发达的三角肌、胸大肌可使其体形健美，呈现出男性的阳刚之美。

形体基本素质训练主要采用单人练习和双人练习两种形式，并针对人体的肩、胸、腰、腹、腿等部位进行训练，从而提高人体的支撑控制能力和协调性，为塑造良好形态打下基础。

7.3 姿态训练的原则

1. 科学训练

形体训练的科学性主要体现在练习内容、运动负荷、练习方法等的确定必须符合人体发展的客观规律。例如，青少年从 15 岁开始，随着身高增长速度的减慢，肌肉开始横向发展，肌纤维开始变粗，肌肉力量逐渐增加，肌肉已具有良好的弹性和收缩能力，如根据这一时期肌肉的生长发育特点进行一定强度的力量训练，将会取得事半功倍的效果，可有效强健体格、改善体形。此外，练习内容的安排要合理，应遵循循序渐进的原则，由易到难、由原地到移动、由单个动作到组合动作，并逐渐增加方向的变化。此外，训练强度、训练时间及训练着装的选择也要有科学性，适合形体训练的特点和要求。

2. 多维度训练

人体是一个完整、统一的有机体，只有全面系统地进行形体训练，才能使全身肌肉线条清晰，使身体各部分比例匀称。此外，就身体素质而言，不仅要重视柔韧性的练习，还应重视力量素质的发展，从而全面提高身体的舒展性和控制力，使动作轻松有力、身体充满活力。

3. 长期训练

体态的改善并非一朝一夕就能实现，需要长期坚持不懈地努力，最终形成一种意识和习惯。因此，只有持之以恒，循序渐进，根据自身的条件制订切实可行的训练计划，长期坚持，使形体训练成为一种长期的运动习惯，才能有效地促进人体机能的发展，达到改善体形的目的。

■ 学习笔记 ■

4.因材施教地训练

形体训练因人体所处的生长时期不同而有所区别。在青少年时期，长骨正处于生长发育的重要时期，加强下肢骨的锻炼，可以有效促进身体的纵向发育，使身体长高（主要为腿的长度增加），使身体的比例更协调。此外，女性与男性的形体训练也有较大差别。女性要重视身体各部位柔韧性的训练，尤其是肩、胸和腰部的柔韧性，同时加强胸、腰、腹、臀部肌肉的锻炼，促进胸部的发育，减少腰、腹和臀部脂肪的堆积；而男性则要重视身体各部位肌肉力量的锻炼，使身体各部位的肌肉结实而健美。

7.4 姿态训练基本术语

基本术语是在形体训练中经常用来描述肢体动作和练习规则的专门用语，具有准确、简练、易懂的特征。通过学习姿态训练的基本术语，我们不仅能够正确描述训练中的各种身体动作，规范动作表达，看懂书中的动作说明，而且能够建立正确的动作观念，掌握动作要领，提高训练效果。

7.4.1 方位术语

姿态训练里所说的方位，是以每个人站立时自己的正前方为参考基础，也就是我们通常所说的 8 个方向点，如图 7-1 所示。

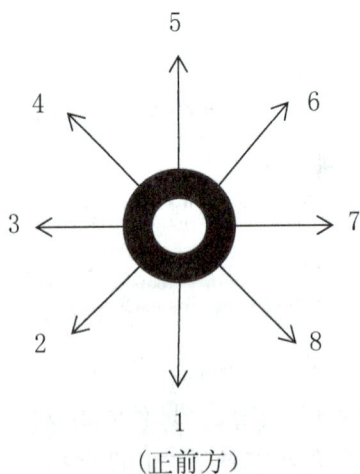

（正前方）

图7-1 8个方向点

■ 学习笔记 ■

① 一点钟方向——自己的正前方；

② 二点钟方向——自己的右斜前方；

③ 三点钟方向——自己的正右方；

④ 四点钟方向——自己的右斜后方；

⑤ 五点钟方向——自己的正后方；

⑥ 六点钟方向——自己的左斜后方；

⑦ 七点钟方向——自己的正左方；

⑧ 八点钟方向——自己的左斜前方。

7.4.2　手形

姿态训练的手形主要借鉴于芭蕾手形，大拇指向手心内压，食指外翘，大拇指与食指位于同一平面内，后三个手指靠拢呈自然状态，如图7-2所示。

图7-2　手形

7.4.3　基本手位

姿态训练的手位也主要借鉴于芭蕾手位，共7个手位。

1. 一位手

双手自然下垂，胳膊肘和手腕处稍圆一些。手臂与手成椭圆形，放在身体的前面，手的中指相对，并留有一拳的距离，如图 7-3 所示。

2. 二位手

手臂与手仍保持椭圆形，抬到横隔膜的高度，即上半身的中部，腰以上、胸以下的位置，如图 7-4 所示。在动作过程中，要注意保持胳膊肘和手指这两个支撑点的稳定。

图7-3　一位手　　　　　　　图7-4　二位手

3. 三位手

在二位手的基础上继续上抬，放在额头的前上方，如图 7-5 所示。注意，不要过分地向后摆手臂，三位手就像是把头放在椭圆形的框子里。

4. 四位手

在三位手的基础上，左手不动，右手切回到二位，如图 7-6 所示。

图7-5　三位手　　　　　　　图7-6　四位手

5. 五位手

在四位手的基础上，左手不动，右手从手指尖开始慢慢向旁打开。在打开的过程中，胳膊肘和手指两个支撑点要保持在一个水平面上，手要放在身体的前面一点，不要过分向后打开，起到一个延续双肩线条的作用，如图 7-7 所示。

6. 六位手

右手不动，左手切回到二位，形成舞姿，如图 7-8 所示。

图7-7　五位手

图7-8　六位手

7. 七位手

右手不动，左手打开到旁边，双手均放在身体的两边，如图 7-9 所示。

图7-9　七位手

7.4.4　绷脚

　　脚背向上绷起，脚踝用力伸直，脚尖用力下压，脚尖着地，整个脚背形成一个完美的弧线，如图 7-10 所示。

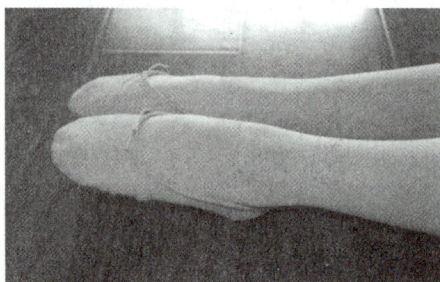

图7-10　绷脚

7.4.5　脚位

　　姿态训练的脚位主要借鉴于芭蕾脚位，共有 7 个角位。

　　① **一位脚**　两脚跟紧靠在一直线上，脚尖向外 180°，如图 7-11 所示。

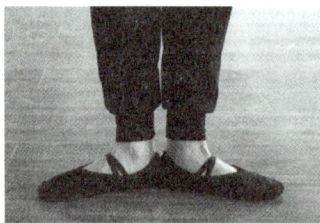

　　② **二位脚**　两脚跟相距一脚的长度，脚部向外扭开，两脚在一直线上，如图 7-12 所示。

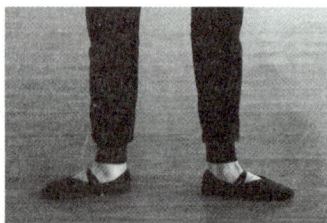

图7-11　一位脚

图7-12　二位脚

　　③ **三位脚**　两脚跟前后重叠放置，足尖向外张开，如图 7-13 所示。

　　④ **四位脚**　两脚前后保持一脚的距离，两脚趾、踵相对成两直线，腿向外转，如图 7-14 所示。

图7-13　三位脚

图7-14　四位脚

⑤ **五位脚** 两脚前后重叠，两脚趾、踵互触，腿向外转，如图 7-15 所示。

⑥ **小八字** 两脚脚跟并拢，脚尖张开成 45°～60° 站立，如图 7-16 所示。

图7-15 五位脚

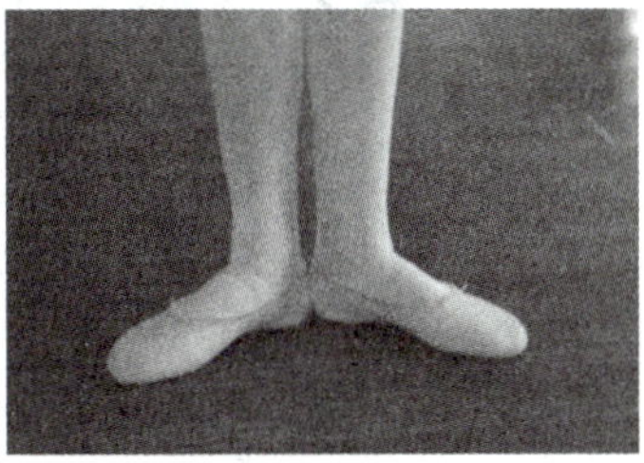

图7-16 小八字

⑦ **"丁"字步** 一脚脚跟靠于另一脚内侧中部，两脚"丁"字站立，如图 7-17 所示。

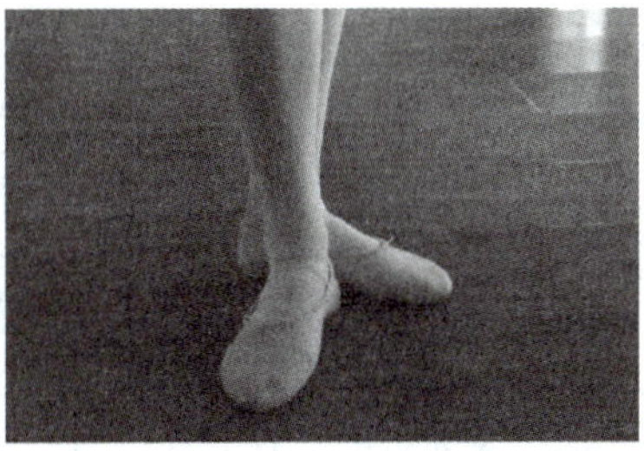

图7-17 "丁"字步

7.5 把杆基础知识

7.5.1 认识把杆

把杆是姿态训练中肢体形态和身体控制能力训练的重要工具之一。把杆练习，需要练习者借助把杆的支撑来保持身体平衡，通过下肢运动来进行专业性训练，这更有利于完美形体的塑造，使人更加挺拔出众。

7.5.2 扶把杆动作

1. 单手扶把杆

身体侧对把杆，保持基本站姿，将把杆一侧的手轻放于把杆上，控制好身体与把杆的距离，手腕成自然下垂形态即可，如图 7-18 所示。

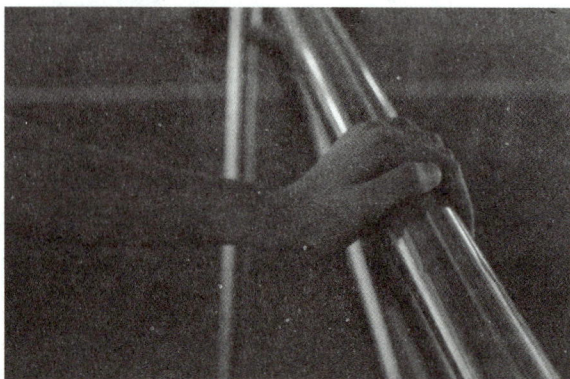

图7-18　单手扶把杆

2. 双手扶把杆

身体正对把杆，保持基本站姿，将双手轻放于把杆上，控制好身体与把杆的距离，双臂成自然下垂状态即可，如图 7-19 所示。

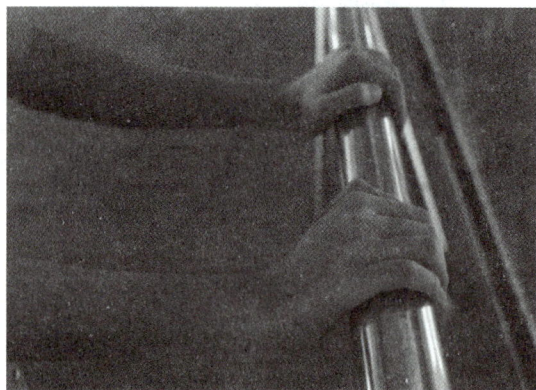

图7-19　双手扶把杆

操作练习与思考、探索

1. 操作练习

男、女按性别分成两组，分组进行方向认知，以及手形、手位、脚位、把杆的练习，直到熟练掌握操作要领。

2. 思考题

（1）手扶把杆时，双臂应保持怎样的姿态？

学习笔记

（2）一位脚与二位脚，有怎样的区别？

（3）方向术语中 5 点钟方向，是指自己的哪个方向？

3. 讨论与探索

存在的问题	解决的方法

■ 学习笔记 ■

第8章

柔韧性训练

柔韧性是指身体各个关节的活动幅度，以及跨过关节的韧带、肌腱、肌肉、皮肤的其他组织的弹性伸展能力。

柔韧性训练是通过韧带、肌肉和各大关节进行的伸展训练，它可以增强韧带和肌肉的伸展能力，加大关节的活动范围，增强身体的柔韧性。

通过本章的学习，希望达成以下目标。

【知识目标】

掌握柔韧性训练方法。

【能力目标】

能正确进行头颈部、肩部、腿部的柔韧性训练。

8.1　头颈部训练

训练目的：增强身体柔韧性，加大关节活动范围，使头部得到更好的舒缓。

准备动作：双腿盘坐，后背挺直，双手放于膝上，抬头挺胸，目视前方，如图 8-1 所示。

图8-1　准备动作

■ 学习笔记 ■

1. 第一个 8 拍

1~4 拍：往前低头，如图 8-2 所示。

5~8 拍：头部回正。

2. 第二个 8 拍

1~4 拍：往后仰头，如图 8-3 所示。

5~8 拍：头部回正。

图8-2　前低头

图8-3　后仰头

3. 第三个 8 拍

1~4 拍：往左掉头，如图 8-4 所示。

5~8 拍：头部回正。

4. 第四个 8 拍

1~4 拍：往右掉头，如图 8-5 所示。

5~8 拍：头部回正。

图8-4　左掉头　　　　　　　　图8-5　右掉头

5. 第五个 8 拍

1~4 拍：往左甩头，如图 8-6 所示。

5~8 拍：头部回正。

6. 第六个 8 拍

1~4 拍：往右甩头，如图 8-7 所示。

5~8 拍：头部回正。

图8-6　左甩头　　　　　　　　图8-7　右甩头

7. 第七个 8 拍

顺时针匀速转头，如图 8-8、图 8-9 所示。

图8-8 顺时针转头（1）

图8-9 顺时针转头（2）

8. 第八个 8 拍

逆时针匀速转头，如图 8-10、图 8-11 所示。

图8-10 逆时针转头（1）

图8-11 逆时针转头（2）

训练完成后，头部回正，如图 8-12 所示。

■ 学习笔记 ■

图8-12　回正

8.2　肩部训练

训练目的：拉长手臂，增加肩部的柔韧性。

训练器材：把杆。

动作要领：双腿分开伸直，与肩同宽，双臂伸直搭在把杆上，上身前倾，向下压肩部，后背保持平直，头部放松，向下压肩的同时，肩部会有拉伸的感觉，如图 8-13 所示。

图8-13　压肩练习

8.3　腿部训练

训练目的：拉长臀部、腿部肌肉，扩大相关关节的活动范围。

练习 1：压正腿

准备动作：身体正对把杆，右腿绷脚伸直，脚踝放于把杆上，左腿伸直站立，左手放于右腿膝盖，右手成三位手摆好，如图 8-14 所示。

116

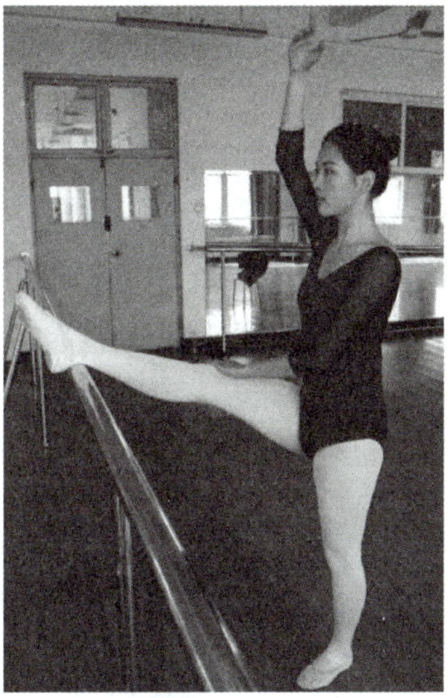

图8-14 压正腿准备动作

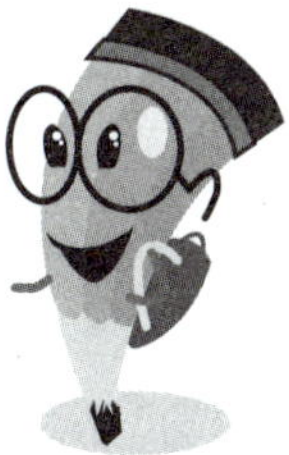

学习笔记

1. 第一个 8 拍

1~4 拍：上半身往下压。

5~8 拍：身体回正。

2. 第二个 8 拍

1~4 拍：上半身往下压。

5~8 拍：身体回正。

3. 第三个 8 拍

上半身往下压，双手抱住脚，保持到整个八拍结束，如图 8-15 所示。

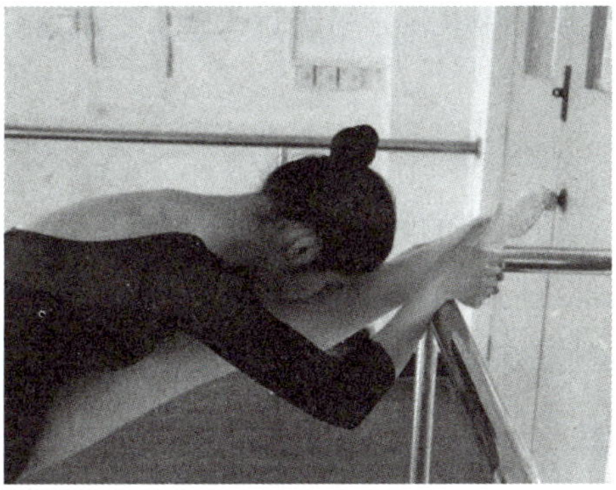

图8-15 压正腿

4. 后 3 个 8 拍

第四个 8 拍：同第一个 8 拍。

第五个 8 拍：同第二个 8 拍。

第六个 8 拍：同第三个 8 拍。

练习 2：压旁腿

准备动作：身体左侧面对把杆，左腿绷脚伸直，脚踝放于把杆上，右腿伸直站立，左手放于左腿膝盖处，右手三位手摆好，如图 8-16 所示。

练习过程前两个 8 拍同压正腿，第三个 8 拍的动作要领如下：上半身往下压，左手扶把杆，右手抓左腿的小腿，保持到整个 8 拍结束，如图 8-17 所示。

图8-16　压旁腿准备动作

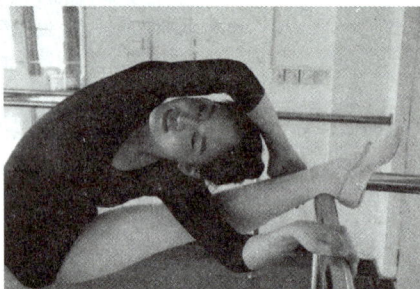

图8-17　压旁腿

操作练习与思考、探索

1. 操作练习

男、女按性别分成两组，分组进行头颈部、肩部、腿部的练习，直到熟练掌握动作要领。

2. 思考题

（1）压腿时，应将腿的哪个位置放于把杆上？

（2）进行肩部练习时，双腿应保持怎样的站立姿态？

（3）进行头颈部练习时，双手放于哪个部位是正确的？

3. 讨论与探索

存在的问题	解决的方法

第 9 章

站姿训练

站姿是人体最基本的一种静态姿势，它的美感主要体现在人站立时身体各个部位的协调、挺拔与舒展。

站姿的控制和发展性练习，主要以静力性控制练习为主，通过对人体头颈、上肢、躯干和下肢等各个部位的规范训练，使人体各部位姿态符合美的要求，养成立颈、收腹、立腰、展胸、沉肩的良好站立习惯，形成舒展、挺拔的身体姿态。

通过本章的学习，希望达成以下目标。

【知识目标】

掌握站姿标准与要领。

【能力目标】

能用正确的方法进行站姿训练。

9.1 身体的基本形态与站立要领

9.1.1 身体基本形态

1. 上肢基本形态

上肢基本形态包括手型和臂型，其形态表现为手指自然伸展并拢，两手的大拇指和中指分别相对并稍向内收，形成兰花指手型，使臂、肘、腕、指形成一圆滑的弧线形态，即臂型。

2. 下肢基本形态

下肢基本形态包括腿型和脚型，其形态表现为膝关节伸直，脚面绷起，腿舒展并稍向外展。规范优美的腿部形态，首先应该是直，并能自然地稍向外展，且肌肉匀称有弹性。腿部无论处于静态或动态，都可以从整体上给人以直长、结实而有力度的美感。

3. 躯干基本形态

躯干基本形态表现为收腹、立腰、展胸、沉肩，躯干保持舒展、挺拔的形态。

9.1.2 标准站姿

身体直立，两腿并拢伸直，臀部内收夹紧，同时收腹、立腰、展胸，肩平展并放松下沉，抬头挺胸，目视前方，双臂自然下垂，放于体侧，掌心向内。

9.1.3 站姿要领

站立时，需掌握准确的用力和控制要领，具体如下：
① 躯干挺直的发力点应在腰部，背肌收缩用力，向上顶直躯干；
② 展胸动作不是两肩后展，而是后背发力前顶，使胸部展开；
③ 做夹臀动作时，需两脚和两腿外展，使臀大肌充分收缩夹紧。

日常生活中的站姿可稍微放松，根据习惯，可成稍息姿势，也可成两腿开立的站姿。两臂可置于腹前，或做相应的手势。但身体姿态应随时保持一定的控制感和自然的舒展、挺拔感，过于放松、随便会显得懒怠、无精神。

知识拓展

站姿与性格

每个人都有自己习惯的站姿。美国夏威夷大学心理学家指出：不同的站姿，可以显示出不同的性格特征。

（1）站立时习惯把双手插入裤袋的人：城府较深，不轻易向人表露内心的情绪，性格偏于保守、内向；凡事步步为营，警觉性极高，不肯轻信别人。

（2）站立时常把双手置于臀部的人：自主心强，处事认真而绝不轻率，具有驾驭一切的魅力；最大的缺点是：主观、固执。

（3）站立时喜欢把双手叠放于胸前的人：性格坚强，不屈不挠，不轻易向困境压力低头；但是由于与人交往时经常摆出一副自我保护的防范姿态，拒人于千里之外，令人难以接近。

9.2 站姿训练组合

9.2.1 训练的意义

站姿训练主要借鉴于芭蕾手位的变换。良好的站姿需要手臂舒展，肩、胸展开，躯干挺拔，展现出自信与朝气。在芭蕾手位中，要求双臂形成圆润的弧形，含胸且背圆，体现出典雅、优美的气质。因此，采用手位变换并加以组合的形式来练习，更有利于站姿的控制力和美感的养成。

9.2.2 动作要领

胯、膝关节和脚充分外开，腿伸直，臀部内收上提，全脚平放于地面，身体重心在两脚上或两脚之间。力量均匀，上体保持直立姿势。

9.2.3 训练组合

准备动作：身体面对1点钟方向，保持一位手、一位脚站姿，如图9-1所示。

■ 学习笔记 ■

图9-1 准备动作

1. 第一个 8 拍

1~4 拍：双手从一位匀速升至二位，如图 9-2（a）所示。

5~8 拍：双手打开至七位，如图 9-2（b）所示。

（a）1~4 拍　　　　　　　　　　　　（b）5~8 拍

图9-2 第一个8拍

2. 第二个 8 拍

1~4 拍：左手不动，右手自七位经三位至五位，如图 9-3（a）所示。

5~8 拍：身体向左侧弯曲，拉伸右侧旁腰，如图 9-3（b）所示。

（a）1~4 拍　　　　　　　　　　（b）5~8 拍

图9-3　第二个8拍

3. 第三个 8 拍

1~4 拍：身体回正，右手保持五位，如图 9-4（a）所示。

5~8 拍：双手打开至七位，如图 9-4（b）所示。

（a）1~4 拍　　　　　　　　　　（b）5~8 拍

图9-4　第三个8拍

学习笔记

■ 学习笔记 ■

4. 第四个 8 拍

1~4拍：右手不动，左手自七位经三位至五位，如图9-5（a）所示。

5~8拍：身体向右侧弯曲，拉伸左侧旁腰，如图9-5（b）所示。

（a）1~4拍　　　　　　　　　　　（b）5~8拍

图9-5　第四个8拍

5. 第五个 8 拍

1~4拍：身体回正，左手保持五位，如图9-6（a）所示。

5~8拍：双手打开至七位，如图9-6（b）所示。

（a）1~4拍　　　　　　　　　　　（b）5~8拍

图9-6　第五个8拍

6. 第六个 8 拍

1~4 拍：双手自七位匀速到三位，如图 9-7（a）所示。

5~8 拍：双手自三位匀速至二位，同时身体向前俯腰，后背挺直，如图 9-7（b）所示。

（a）1~4 拍 　　　　　　　（b）5~8 拍

图9-7　第六个8拍

7. 第七个 8 拍

1~4 拍：身体回正，呈三位手，如图 9-8（a）所示。

5~8 拍：向后下胸腰，三位手保持不变，如图 9-8（b）所示。

（a）1~4 拍 　　　　　　　（b）5~8 拍

图9-8　第七个8拍

学习笔记

8. 第八个 8 拍

1~4 拍：身体回正，手位不变，如图 9-9（a）所示。

5~8 拍：双手打开至七位，如图 9-9（b）所示。

（a）1~4 拍　　　　　　　　　（b）5~8 拍

图9-9　第八个8拍

9. 第九个 8 拍

收回至一位手、一位脚，保持基本站姿，如图 9-10 所示。

图9-10　第九个8拍

9.2.4　训练提示

① 认真体会并掌握基本站姿的控制要领，加强辅助性练习。

② 可对着镜子练习，适时调整手臂形态和身体姿态；也可以两人一

组，相互观察指导练习。注意手型和臂型正确、规范，上肢保持圆滑的弧线。

③ 练习时，关节避免出现松懈、弯曲或僵直现象，身体保持舒展、挺拔的姿态。

④ 手臂移动的速度应均匀缓慢，与音乐充分融合；移动的方向和路线清晰准确，头稍抬起，随手移动，面部富有表情，呼吸均匀自然。

9.3　日常站姿练习方法

① 放舒缓的音乐，两人相对而站，注视并监督彼此是否按照站姿的要求保持基本的站姿，互相检查，共同进步。

② 放舒缓的音乐，两人背对背站立，且双方脚跟、小腿、大腿、肩部、后脑勺全部紧紧靠在一起，保持基本的站姿。

以上训练每次应坚持 30 min，服务人员应着工作服，女性穿半高跟鞋，以增强训练的实效性，养成优美的站姿。训练时，可以配上优美的音乐，有利于保持愉快的心境，塑造自然的笑容，减轻单调、疲劳之感。

操作练习与思考、探索

1. 操作练习

（1）男、女按性别分成两组，分组进行站姿练习，直到熟练掌握动作要领。

（2）按日常站姿练习方法，两人结成对子，进行站姿训练。

2. 思考题

（1）在准备阶段，身体面对几点钟方向站立是正确的？

（2）组合练习中，身体向左侧弯曲时，拉伸的是身体的哪个部位？

（3）组合练习结束时，应保持怎样的手位、脚位？

3. 讨论与探索

存在的问题	解决的方法

第 10 章

行姿训练

行姿可以反映人的性格、健康状况。协调稳健、轻松敏捷的行姿会给人动态之美，表现出朝气蓬勃、积极向上的精神状态。服务行业从业人员，更应该注重行姿训练，培养出"行如风"的行姿，提升自己的职场形象。通过本章的学习，希望达成以下目标。

【知识目标】

掌握行姿的基本要求及不同着装的行姿要领。

【能力目标】

能根据行姿要求进行正确的训练。

10.1 行走姿态

行走姿态简称行姿，它的基本要求是"行如风"。起步时，上身略向前倾，身体重心落在前脚掌上。行走时，双肩平稳，目光平视，下颌微收，面带微笑，手臂伸展放松，手指自然弯曲。摆臂时，以肩关节为轴，上臂带动前臂，前后自然摆动。步幅适当，一般是前脚的脚跟与后脚的脚尖相距一脚长。跨出的步子应是全脚掌着地，膝和脚腕不僵直，行走足迹在一条直线上。行步速度，一般是男士每分钟 108~110 步，女士每分钟 118~120 步。

行走时，男士不要左右晃肩，女士髋部不要左右摆动，穿高跟鞋时应注意保持身体平衡，以免摔跤。男、女两人同行，女士步幅较小，男士步幅较大，男士应适当调整步幅，尽量与女士同步行走。行走时，不要左顾右盼、左摇右摆、大甩手，也不要弯腰驼背、歪肩晃膀、步履蹒跚，不要双腿过于弯曲、走路不成直线，更不要走"内八字"或"外八字"。

10.1.1 行姿的基本要求

行走是以文雅、端庄的站姿为基础的。正确的行姿基本要领是：步履自然、稳健，抬头挺胸，双肩放松，提臀收腹，重心稍向前倾，两臂自然摆动，目光平视，面带微笑。决定行姿是否标准的因素如下：

1. 步位标准

步位，即脚落在地面的位置。男性两脚跟可保持在适当间隔的两条平行直线上，脚尖可以稍微外展；女性两脚跟要前后踏在同一条直线上，脚尖略外展，也就是所谓的"男走平行线，女走一条线"。

2. 步度适中

步度也叫步幅，是指在行走时两脚之间的距离。同时步幅的大小也要与服装和鞋子相适应。

3. 步态优美

走路时膝盖和脚腕都要富于弹性，两臂自然、轻松地前后摆动。男性应具有阳刚之美，展现其矫健、稳重、挺拔的特点；女性应显得温婉动人，体现其轻盈、妩媚、秀美的体态。

■ 学习笔记 ■

10.1.2 不同着装的行姿

所穿服饰不同，步态也有所不同。一般来讲，直线条服装具有舒展、庄重、大方、矫健的特点，而以曲线条为主的服装则显得柔美、优雅、飘逸。行姿要展现服装的特点。

1. 穿西装的行姿

西装以直线条为主，着装者应当走出挺拔、优雅的风姿。穿西装时，后背保持平正，走路的步幅可略大些，手臂放松，伸直摆动，手势简洁大方。行走时，男士不要晃动，女士不要左右摆髋。

2. 穿旗袍的行姿

行走时，要求女士身体挺拔，胸微含，下颌微收，不要塌腰、撅臀。

走路时，步幅不宜过大，以免旗袍开衩过大，露出皮肉。两脚跟前后要走在一条直线上，脚尖略微外开，两手臂在体侧自然摆动，幅度也不宜过大。站立时，双手可交叉放于腹前。

3. 穿裙装的行姿

穿着长裙，可显出女性身材的修长和飘逸美。

行走时要平稳，步幅可稍大些。转动时，要注意头和身体相协调，调整头、胸、髋三轴的角度。穿着短裙，要表现出轻盈、敏捷、活泼、洒脱的风度，步幅不宜过大，但脚步频率可以稍快些，保持轻快、灵巧的风格。

4. 穿高跟鞋的行姿

女士在正式社交场合经常穿着黑色高跟鞋，行走时要保持身体平衡，步幅不宜过大。具体做法是：直膝立腰、收腹收臀、挺胸抬头。膝关节不要前曲，臀部不要后撅。一定要把踝关节、膝关节、髋关节挺直。

10.1.3 不良行姿

所谓不良行姿，指的是服务人员在工作岗位上不应当出现的行走姿势。在服务工作中，不良行姿会对服务工作和个人形象及企业形象造成不良影响，所以服务人员要尽量避免不良行姿的出现。

常见的不良行姿如下：

① 头 头部左、右歪斜或低头、仰头，左顾右盼，东张西望。

② 肩 侧肩，耸肩，左右摇摆，身体不正，含胸或过于挺胸。

③ 手 手臂插兜或叉腰，双臂交叉抱于胸前或背手，手腕抖动，

手部抓弄衣物，手臂僵硬或摆动过大。

④ **腰、背**　上身过于前倾，背部弓起，腹部挺出。

⑤ **腿**　腿部弯曲、步幅过大或过小，步履蹒跚，鸭子步。

⑥ **脚**　蹬踏和拖蹭地面，内、外八字步，踮脚，脚尖翘起。

10.1.4　行走要领

行走时，应保持舒展的姿态，脚跟先落地，自然过渡到前脚掌落地，重心随之前移。注意，在脚落地的瞬间要伸直膝关节，脚尖稍向外展，两脚脚跟内侧沿直线行走，两臂前后自然摆动，摆幅一般控制在 30° 以内。步伐节奏清晰，重心平稳均匀。

■ **学习笔记** ■

10.2　行姿训练组合

10.2.1　训练意义

行姿是人体自然而频繁的一种动态姿势，更能体现出一个人的风度与个性。行姿训练的目的是强调在保持站立姿态优美的基础之上，通过行走练习和舞蹈步练习，帮助练习者改掉行走中各种不良的姿势和习惯，从而增强人体姿态的美感。

10.2.2　动作要领

相邻的部位固定，轴心关节放松，运动的肢体向远伸展，做移动动作时要做好保护，避免向后或者向前移动时因腿部、腹部缺乏力量而摔倒，造成不必要的伤害。

10.2.3　训练组合

训练 1

准备动作：身体右侧面对把杆，右手扶把杆，左手置七位（注意重心的转移）。

1. 第一个 8 拍

1~4 拍：左脚向旁擦出，如图 10-1 所示。

5~8 拍：收回到一位脚。

2. 第二个 8 拍

同第一个 8 拍。

3. 第三个 8 拍

1~4 拍：左脚向前擦出，如图 10-2 所示。

5~8 拍：收回到一位脚。

图10-1　左脚旁擦地　　　　　　　　　　图10-2　左脚前擦地

4. 第四个 8 拍

同第三个 8 拍。

5. 第五个 8 拍

1~4 拍：左脚向后擦出，如图 10-3 所示。

图10-3　左脚后擦地

5~8 拍：收回到一位脚。

6. 第六个 8 拍

同第五个 8 拍。

接下来做反方向训练。其准备动作为：左手扶把杆，右手置七位。

7. 第七个 8 拍

1~4 拍：右脚向旁擦出。

5~8 拍：收回到一位脚。

8. 第八个 8 拍

同第七个 8 拍。

9. 第九个 8 拍

1~4 拍：右脚向前擦出。

5~8 拍：收回到一位脚。

10. 第十个 8 拍

同第九个 8 拍。

11. 第十一个 8 拍

1~4 拍：右脚向后擦出。

5~8 拍：收回到一位脚。

12. 第十二个 8 拍

同第十一个 8 拍。

训练 2

准备动作：身体面对 1 点钟方向，保持一位手、一位脚站姿。

1. 第一个 8 拍

1~2 拍：一位手保持不动，脚跟、脚尖并拢，如图 10-4（a）所示。

3~4 拍：一位手保持不动，双脚外展成八字脚位，如图 10-4（b）所示。

5~6 拍：一位手保持不动，脚跟、脚尖并拢。

7~8 拍：一位手保持不动，双脚外展成八字脚位。

■ 学习笔记 ■

（a）1~2拍　　　　　　　　　（b）3~4拍

图10-4　第一个8拍

2. 第二个8拍

1~4拍：双手经过体侧匀速向上呈波浪状［见图10-5（a）］，举过头顶。

5~8拍：双手经过体侧匀速向下呈波浪状，成一位手、一位脚，如图10-5（b）所示。

（a）1~4拍　　　　　　　　　（b）5~8拍

图10-5　第二个8拍

3. 第三个 8 拍

1~4 拍：一位脚、一位手保持不动，做一位蹲（脚跟不得离开地面），如图 10-6（a）所示。

5~8 拍：身体回正，手位与脚位保持不变，如图 10-6（b）所示。

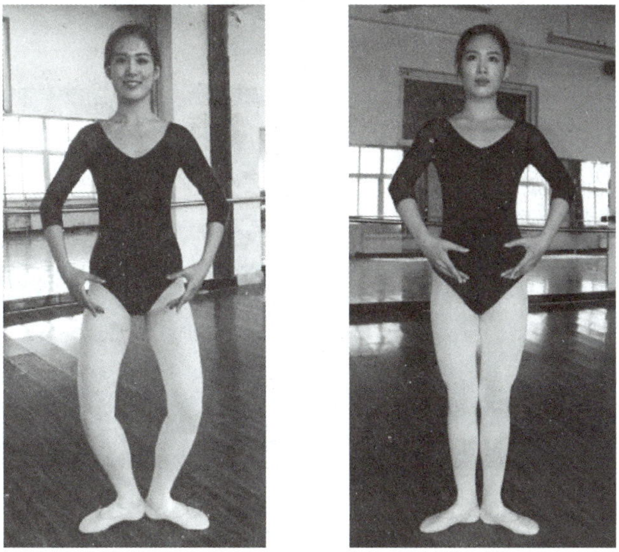

（a）1~4 拍　　　　　　　　　（b）5~8 拍

图10-6　第三个8拍

4. 第四个 8 拍

1~4 拍：左脚向旁擦地，如图 10-7（a）所示。

5~8 拍：双手由一位至二位，下蹲，如图 10-7（b）所示。

（a）1~4 拍　　　　　　　　　（b）5~8 拍

图10-7　第四个8拍

■ 学习笔记 ■

5. 第五个 8 拍

1~4 拍：身体向下做二位蹲，如图 10-8（a）所示。

5~8 拍：双腿伸直，左脚侧点地，同时保持七位手，如图 10-8（b）所示。

（a）1~4 拍　　　　　　　　　　　（b）5~8 拍

图10-8　第五个8拍

6. 第六个 8 拍

1~4 拍：左脚前擦地擦出，手位变至二位，如图 10-9（a）所示。

5~8 拍：身体重心前移至四位蹲，如图 10-9（b）所示。

（a）1~4 拍　　　　　　　　　　　（b）5~8 拍

图10-9　第六个8拍

7. 第七个 8 拍

1~8 拍：重心继续前移至左腿直立，右脚尖后点地，同时手位变至七位，如图 10-10 所示。

图10-10　第七个8拍

8. 第八个 8 拍

1~4 拍：脚位由右后点地擦地至右前五位，双臂手背向上，呈波浪状，如图 10-11（a）所示。

5~8 拍：脚位收至小八字，手收至一位，如图 10-11（b）所示。

（a）1~4 拍 　　　　　　　　（b）5~8 拍

图10-11　第八个8拍

■ 学习笔记 ■

10.2.4 训练提示

① 行姿组合的路线也可设计为正方形、半圆形或八字的斜线形进行练习，动作采用前进和后退的形式，完成步伐的移动动作。变向行走练习时，应注意移动的路线、方向。

② 行走时，注意腿伸直、脚尖稍向外展，踝部发力，起踵高，收腹拔腰，迈腿方向正，沿直线行走。手臂保持弧形匀速移动，手位准确，并与下肢节奏一致，头随手动。

③ 行姿组合练习完成后，需要做小腿的伸展运动，使小腿得以伸展和放松。

10.3 日常行姿练习方法

① 在走廊或者地板上行走时，沿着地面的直线缝隙行走，上身保持正确的站立姿态。

② 放舒缓的音乐，双脚提踵并立，双手叉腰，双腿站直，腹部收紧，保持住此体态，以足尖部往前行进。

操作练习与思考、探索

1. 操作练习

（1）男、女按性别分成两组，分组进行行姿训练，直到熟练掌握动作要领。

（2）按日常行姿练习方法进行行姿训练。

2. 思考题

（1）在训练1的训练过程中，应注意什么？

（2）在训练1中，当右脚向后擦出时，是脚尖点地还是脚掌着地？

（3）在训练2中，做一位蹲的动作时，脚跟应保持怎样的状态？

学习笔记

3.讨论与探索

存在的问题	解决的方法

知识拓展

芭蕾舞造型特点与训练技巧

开肩、开胯、开膝、开脚尖的姿态，腿部的外开，上身的挺拔、直立，双腿到脚尖的绷直，腿和手臂的伸展，构成了芭蕾舞造型的特点。这些特点给人一种优雅、庄重的美感，显示着欧洲文化推崇备至的典雅、高贵的气质和对人体造型美的追求。芭蕾舞艺术的一系列基本动作，变化多样的舞姿、步法和旋转的技巧，都建筑在这一审美的观念上。

合理地运用髋、膝盖、脚踝等关节的弯曲进行缓冲，可降低弯膝时上半身对身体的冲击，能够有效地避免运动带来的损伤。

第11章

坐姿与蹲姿训练

坐姿和蹲姿是人的两种基本姿态。端庄优美的坐姿使人显得职业而有涵养，正确的蹲姿让人显得优雅而有教养。通过本章的学习，希望达成以下目标。

【知识目标】

掌握坐姿、蹲姿基本要求。

【能力目标】

能正确地根据坐姿、蹲姿的基本要求进行姿态训练。

11.1　坐姿与蹲姿

11.1.1　坐姿

古人所说的"坐如钟"，意思是坐姿要稳重，像钟一样，姿势要端正优美。

坐姿不仅包括坐的静态姿势，同时还应包括入座和离座的动态姿势，它们是坐姿不可分割的两个部分。"入座"是坐的"序幕"，"离座"是坐的"尾声"。

1. 静态的坐姿

头正目平，双目平视前方或注视对方，下颌向内微收，两肩放松，挺胸收腹，腰背挺直，嘴微闭，面带微笑。女士两手相交放在腹前双腿上，两脚平落地面。两膝间的距离，男子以不超过肩宽为宜，女子则膝盖并拢。坐在椅子上，至少应坐满椅子的 2/3。如果是沙发，座位较低，又比较柔软，应注意不要因身体下滑而陷在沙发里，这样看起来很不雅观。

坐姿的基本要求是"坐如钟"。入座时，应以轻盈、和缓的步履，从容自如地走到座位前，然后转身轻而稳地落座，并将右脚与左脚并排自然放。

坐定后，身体重心垂直向下，腰部挺起，上体保持正直，两眼平视，下颌微收，双掌自然地放在膝头或者座椅的扶手上。

就座时，不要双手叉腰或双手交叉在胸前，不要摆弄手中的杯子或将手中的东西不停地晃动，不要不时地拉衣服、整头发或抠鼻子、掏耳朵等。

2. 动态的坐姿

1）入座的要求

入座时，走到座位前面转身，要轻而缓，右脚向后撤半步，从容不迫地慢慢坐下。在入座时要注意：不可抢先入座，一定要请对方先入座；不可抢先坐在上座，要主动地坐在适合自己身份的座位上；不可坐在桌子上、窗台上等不适宜的地方；在他人面前落座时，不要背对着座位前面的其他人；落座时，应面带微笑向周围人点头致意，动作要轻，速度不要太快，避免让座椅发出声音。

2）离座的要求

离座时，右脚先向后迈半步，站起身，向前走一步离开座位。不可猛地起身，制造紧张气氛。在离座时要注意：当需要离开座位时，要向周围人示意，切不可突然起身；当与他人同时离座时，应该注意先后次序，一般来说，地位较高的人先离座，如果与周围人身份相当，可以同时离座；起身离座的动作要缓慢，不要碰到周围其他人或碰到椅子。

提示： 根据礼仪的要求，入座、离座时最好在左侧，左进左出是入座、离座时的基本礼仪之一。

3. 不良坐姿

所谓不良坐姿，指的是服务人员在工作岗位或与服务对象交谈时不应出现的坐姿。坐姿是人际交往过程中持续时间较长的一种姿态，如果出现不良坐姿，会给对方留下难以改变的印象。常见的不良坐姿如下：

① **头**　头部左、右歪斜或低头、仰头，左顾右盼，东张西望，头部靠于椅背。

② **肩**　侧肩、耸肩、身体不正、含胸或过于挺胸。

③ **手**　手臂插兜或叉腰，双臂交叉抱于胸前，手腕抖动，手部放于桌上，双手抱在腿上或夹在腿间，用手触摸脚部。

④ **腰、背**　上身向前趴伏，背部弓起，腹部挺出。

⑤ **腿**　抖动，架腿方式不当，导致叉开过大；双腿向前直伸或放于桌上。

⑥ **脚**　蹬踏他物，抖动，脚尖指向他人，脚尖翘起。

知识链接

学习笔记

正确坐姿赢前程

20世纪90年代，一家知名的大公司到一所大学招聘应届毕业生，该大学推荐了两名学生。这两名学生都是学校的优等生。其中一个穿着打扮适中，言谈也非常得体，但是一坐下就会高跷二郎腿，给人一种傲慢不羁的感觉。第二个人正在操场踢球，闻讯急忙跑回办公室，当时出了一身汗，一副衣冠不整的样子。当他知道事情原委后，马上向来者致歉。来者笑道："没有关系，可以坐下来随便谈谈。"这个人连忙说道："谢谢!"坐下后，双腿稍微合拢，双手放在腿上，上身端正挺拔。端正的坐姿，给人一种谦逊、严谨的印象，来人对他由衷赞赏，结果此人被录用。由此可见，由于两个人的坐姿不同，他们的前程也就大相径庭了。

11.1.2 蹲姿

蹲的姿势称为蹲姿。下蹲是由站立姿势变化而来的相对静止的体态，是由站立转变为两腿弯曲、身体高度下降的姿势。服务人员在工作时难免会在众人面前捡起掉在地上的东西或完成其他工作，这就需要采用正确的蹲姿。

1. 蹲姿的基本要领

蹲姿的基本要领是：站在所取物品的旁边，屈膝蹲下，抬头挺胸，不要低头，也不要弓腰，两脚合力支撑身体，掌握好身体的重心，慢慢地把腰部低下，臀部向下，蹲下的时候要保持上身的挺拔，神情自然。

2. 蹲姿的不同形式

蹲姿有高低式蹲姿、交叉式蹲姿、点地式蹲姿、半蹲式蹲姿。

半蹲式蹲姿是男女通用的蹲姿（见图4-30、图4-34），这种蹲姿多见于行进之中临时下蹲。男子采用平蹲式，下蹲时两腿不必靠紧，可以有一定的距离，但女性应双腿紧靠。这种蹲姿的主要特征是身体半立半蹲。

基本要求：左脚在前，右脚在后，向下蹲去，左小腿垂直于地面，全脚掌着地，大腿靠紧右脚跟提起，前脚掌着地，左膝高于右膝，臀部向下，上身稍向前倾。以左脚为支撑身体的主要支点。

11.2 坐姿与蹲姿训练组合

11.2.1 训练意义

坐姿和蹲姿是日常仪态的主要内容之一。规范的蹲姿能传达出自信、豁达、尊重他人的信息，而得体的坐姿更是一种静态美的完美体现。坐姿和蹲姿是由站姿变化而来的相对静止的体态。因此，应加强腰部和肩部的力量训练和灵活性训练。

11.2.2 动作要领

蹲、起动作均需要有控制地上下垂直移动躯体，重心落在两脚之间。下蹲时，两膝充分外展，与脚尖方向一致，并有意识地下压脚跟。全蹲至最大幅度时，拔腰、紧胯、提臀，上体直立。

11.2.3 训练组合

训练 1

准备动作：身体正对把杆，双手扶把杆，双臂成自然下垂状态，一位脚站好。

■ 学习笔记 ■

1. 第一个 8 拍

1~4 拍：向下半蹲，双腿膝盖向外侧展开，如图 11-1 所示。

5~8 拍：身体向上匀速立起，双腿伸直收紧。

图11-1　半蹲图

2. 第二个 8 拍

1~4 拍：身体匀速下蹲至全蹲位，此时脚跟被迫抬起，如图 11-2 所示。

5~8 拍：身体向上匀速立起，双腿伸直收紧。

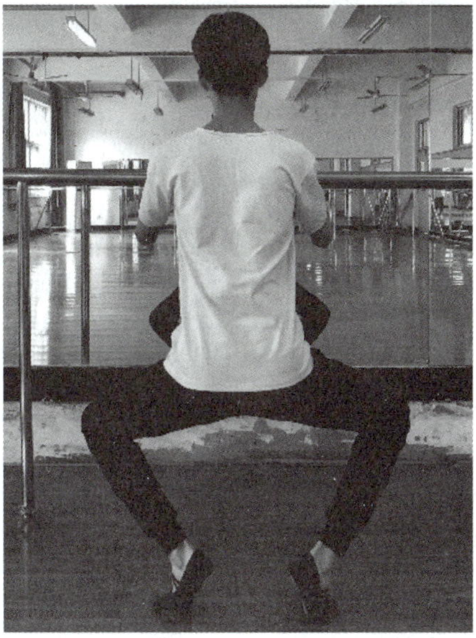

图11-2　全蹲图

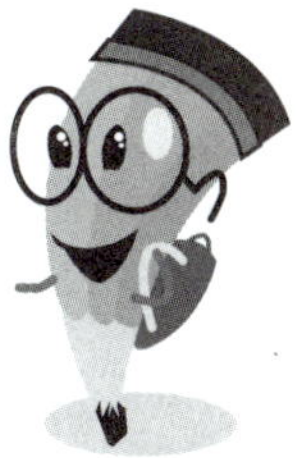

■ 学习笔记 ■

3. 第三个 8 拍

脚跟先着地，再匀速起立至两腿伸直收紧。

4. 第四个 8 拍

同第一个 8 拍。

5. 第五个 8 拍

同第二个 8 拍。

6. 第六个 8 拍

同第三个 8 拍。

训练 2

准备动作：身体右侧面对把杆站立，右手扶把杆，左手成一位手，左脚在前，三位脚站姿，左手经二位打开至七位。

1. 第一个 8 拍

左脚向前擦出，经身体外侧向后画圈，收回至一位脚，如图 11-3~ 图 11-5 所示。

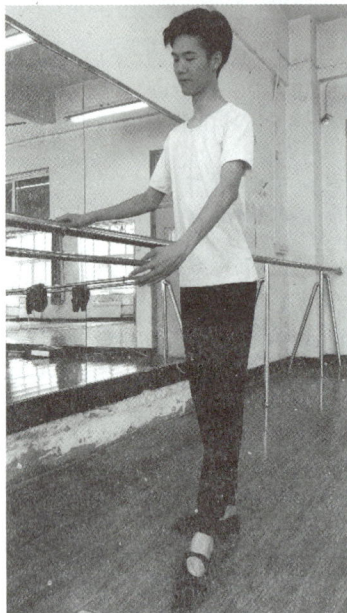

图11-3　左脚向前擦出

图11-4　左脚向后画圈

2. 第二个8拍

同第一个8拍。

3. 第三个8拍

左脚向后擦出，经身体外侧向前画圈，收回至一位脚，如图11-6～图11-8所示。

图11-5　脚位收回

图11-6　左脚向后擦出

图11-7　左脚向前画圈

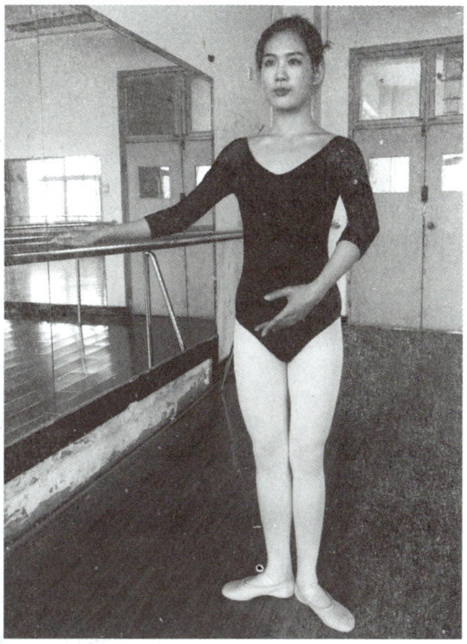

图11-8　脚位收回

4. 第四个 8 拍

同第三个 8 拍。

5. 第五个 8 拍

左脚向前擦出，同时右腿屈膝支撑（见图11-9），接着左脚经身体外侧向后画圈（见图11-10），收回至一位脚，同时左腿直立。

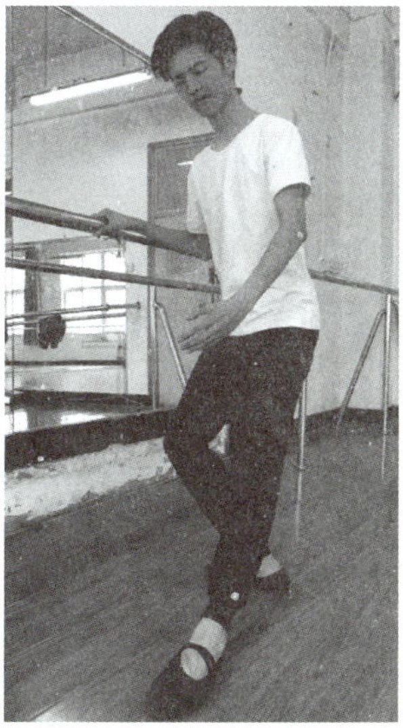

图11-9　左脚向前擦出

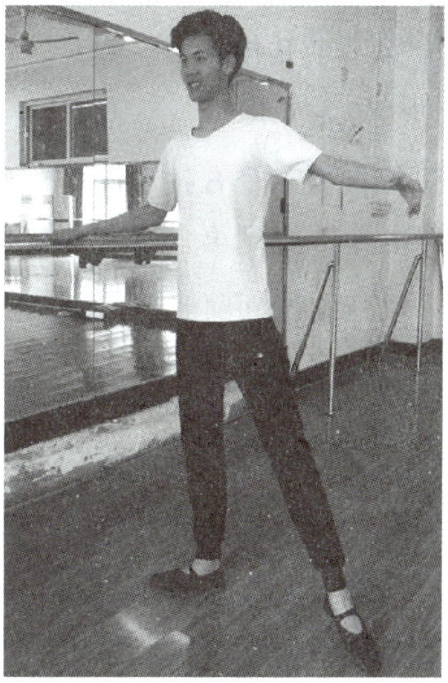

图 11-10　左脚画圈至左侧

■ **学习笔记** ■

6. 第六个 8 拍

同第五个 8 拍。

7. 第七个 8 拍

左脚后擦出，同时右腿屈膝支撑（见图 11-11），接着左脚经身体外侧向前画圈，收回至一位脚，同时左腿直立，左臂收至一位手。

图11-11　左脚向后擦出，右腿屈膝支撑

8. 第八个 8 拍

同第七个 8 拍。

9. 换向做八个 8 拍

第九个 8 拍到第十六个 8 拍的动作，身体后转 180°，将左脚换为右脚，动作流程同前 8 拍。

11.2.4　训练提示

① 先做手叉腰的下蹲练习，逐渐再过渡到配合手臂的练习。先练习半蹲动作，动作能力提高后再进行全蹲练习。

② 下蹲与直立动作均要求匀速、缓慢、连贯，重心均落在两脚之间，身体重心在一条垂直线上移动。

③ 半蹲时，脚跟应始终不离地面；全蹲时，身体保持正、直。

④ 练习前还应做脚背的拉伸练习，舒展脚背，防止脚背抽筋。

⑤ 练习过程中，动作的节奏可由慢到快，如一开始可两拍一动，然后再从独立练习的单一训练方式，过渡到前、侧、后三个方向各四次或每个方向各一次地交替练习。

⑥ 擦地动作要求节奏清晰，快速到位，方向正，动作有力度和控制感。

11.3　日常坐姿与蹲姿练习方法

① 盘腿坐于地面上，后背挺直，整个背部全部贴在墙面上，坚持 10~20 min。

② 蹲起训练法：双腿打开，与肩同宽，保持后背直立，双腿外开，保持下蹲，后背与大腿、大腿与小腿、小腿与地面均成 90°，每次十组，每组蹲起 10 次。

③ 蹲马桩法：双腿打开，与肩同宽，脚掌与小腿、小腿与大腿、大腿与后背均成 90°，坚持 3~5 min，切记后背挺直。

④ 后背平躺于靠墙的床铺上，双脚并拢，从臀部一直到脚尖全部贴在墙面上，眼睛目视天花板，每天 3 次，每次坚持 6 min 左右。

操作练习与思考、探索

1. 操作练习

（1）男、女按性别分成两组，分组进行蹲姿、坐姿组合的练习，直到熟练掌握动作要领。

（2）按日常坐姿和蹲姿练习方法，每日坚持训练一次。

2. 思考题

（1）训练 1 中，半蹲时脚跟是否抬起？

（2）训练 1 中，在身体恢复直立状态的过程中，脚跟着地与双腿伸直的先后顺序是怎样的？

（3）在训练 2 的画圈过程中，是脚尖着地还是脚掌着地？

3.讨论与探索

存在的问题	解决的方法

■ 学习笔记 ■

知识拓展

芭蕾知识知多少?

　　"芭蕾"起源于意大利,兴盛于法国。"芭蕾"一词本是法语"ballet"的音译,而它的词源则是意大利语"balletto",意为"跳"或"跳舞"。

　　芭蕾舞形体是由芭蕾舞延伸而来的,沿用了芭蕾舞的"开、绷、直立"四要素。它以健身和训练形体为目的,同时带给你芭蕾舞所特有的高贵与优雅。动作难度不大,但通过适当的强度训练来消耗身体多余的脂肪,增强肌肉的耐力和身体的柔韧性,坚持训练能使身体线条优美。

　　中国古典舞借鉴了芭蕾舞的训练方法,又吸纳了戏曲和武术等民族艺术的基本功,经过数十年的发展,建立了属于我们民族特有的舞蹈形体训练方法,同样也能塑造出优美的体态,让人感受到身心的愉悦。

　　训练时,着装要轻松,最好是体操服或运动装、软底体操鞋或舞蹈鞋,场地空间要大,周边没有不必要的物品,根据自己身体状况循序渐进地练习,劳逸结合。